揚州新出土宋元明清墓誌

揚州市文物考古研究所 編

上海古籍出版社

《揚州新出土宋元明清墓誌》編委會名單

主　編

王小迎

副主編（排名不分先後）

劉　剛　朱超龍　張富泉

編　委（按姓氏筆畫順序排列）

王小迎　池　軍　朱超龍　吴一丹　周　贇

姚施華　秦宗林　孫　晨　閆　璘　張富泉

趙　静　劉　剛　劉松林　薛炳宏　魏　旭

序

揚州是國務院首批公布的二十四座歷史文化名城之一，擁有近七千年的人類活動史和二千五百多年的建城史，地下文物遺迹分布十分豐富，生活在這片土地上的先民爲後世留下了寶貴的遺産。保護好、傳承好、利用好這些珍貴的文化遺産，是長期擺在我們面前的艱巨任務。作爲江淮文明的探尋者和守護人，揚州考古工作者認真貫徹文物工作方針，不辱使命，守土盡責，發掘、保護了一大批重要遺存。黨的十八大以來，習近平總書記高度重視文物保護工作，多次作出重要批示、指示，提出要建設具有中國特色、中國風格、中國氣派的考古學，爲做好我國考古工作和歷史研究，用好考古和歷史研究成果，提出了明確要求，指明了前進方向。

新世紀以來，隨着經濟社會的發展，城市建設速度的加快，更多可以佐證地域文明、輝煌歷史的文物遺存被發掘出來。爲了給經濟發展之後的揚州保存歷史文化的韵味，爲了將祖先留給揚州的遺産傳承給後世，揚州考古發掘與研究工作者餐風沐雨，青燈黄卷，做了大量深入細緻的考古工作，取得了豐碩的考古成果，如隋煬帝墓考古發掘等多個項目入圍全國十大考古新發現，在國内外産生了深遠影響。考古研究成爲考古人的文化自覺和孜孜追求，他們放弃休息時間，白天工地發掘，夜間研究整理，有針對性地對出土的宋元明清尤其是明代墓誌進行了輯考，彙編成册。此次整理揚州地區出土的宋元明清墓誌，作爲考古的一個重要内容，這既是基礎性工作，也是一項開創性工作，填補了揚州宋元明清墓誌考據的空白。

墓誌石刻，作爲補史、證史的實物資料，對研究歷史、地理、文字演變和書法藝術以及死者墓葬年代都有重要的價值。市文物考古研究所組織出版的《揚州新出土宋元明清墓誌》，搜集、整理了大量的實物資料，圖文並茂、雅俗共賞，爲研究揚州的民俗文化、城市精神賡續具有重要的指向作用。這既是文化遺産保護利用的一次彙集展示，也是講好揚州故事的重要載體。

我相信，這部書的編輯和出版，會成爲引領揚州文物保護的新標桿。我們還要堅定信念，堅持理想，堅守崗位，繼續發揚考古人吃苦耐勞、默默奉獻的考古精神，踔厲奮發，矢志創新，爲把揚州建設成爲世界知名、獨具個性的世界遺産城市而不懈奮鬥。

揚州市文化廣電和旅游局黨委書記、局長，揚州市文物局局長

二〇二二年十一月

凡例

一、本書主要收録揚州近年出土的宋元明清墓葬石刻資料，以墓誌爲主，也涉及少量墓碑、買地券、地磚等。

二、本書收録各項資料，取誌蓋、誌題等信息，或稍作調整，作爲篇題。凡人名可辨識者，括注於篇題内。篇題後附誌主等落葬日期，括注公元紀年。有數例爲落葬後埋銘，以埋銘日期計。又數例落葬日期殘損不見，則或取卒日、生日作爲參照，並附注「卒」「生」。

三、本書大致按誌主落葬日期先後爲序進行排列，共計九十二種，分爲宋代三種，元代一種，明代八十一種，清代七種，不詳者（地磚）一種。因收録明代資料較多，又按墓誌、誌蓋（無誌文）、買地券分類排列。明代墓誌部分，因有多組墓誌誌主出自同一家族，爲夫婦、父子、祖孫等親屬關係，故將同一家族墓誌按行輩集中附於尊長者之下，此外總體仍按落葬日期爲序排列。

四、録文主要采用通行繁體字，原文中的俗體字、異體字、簡化字，如「學」寫作「斈」，「處」寫作「處、䖏」，「解」寫作「觧」，「辭」寫作「辤」，「浙」寫作「淛」，「蓋」寫作「盖」等，凡不致歧義者，多改爲通行繁體字。其他如人名、地名、專名等不改，通假字不改，無礙閲讀者不改，均保持原狀。

五、録文采用新式標點斷句，如非必要，避免使用引號、分號、書名號。原文每行最下一字後加「|」，以示原石行款。原文某字殘損或難以辨識者，以「□」代一字。所闕字數不明，以「……」表示。疑釋某字，外加方框，如「嗟」。原字已殘，據辭例等明確可補者，如人名、地名、職官，所補字加「[ ]」。原文中空格，除應有文字而漏刻者外，均不再保留。如空格應有字未刻者，如諱名、闕名等，以「〇」代一字。

六、各項資料下附簡短説明，記録出土信息、原石尺寸、行數及每行容字數。部分如同一家族、人名互見、分鐫兩石等特殊情況，並附簡要説明。各項資料末尾，括注釋讀者。

目録

清代墓誌　附墓碑、地券、地磚

宋元墓誌

○一　宋故康先生（復古）墓誌銘并序

治平三年（一○六六）十一月十一日

【誌文】

宋故康先生墓誌銘并序」

河東裴煜撰」

先生姓康氏，名復古，字先野。其先大名人也。父玉，供奉」官監明州鹽，卒。先生年尚幼，羸然，挈其族渡江擇所」居，唯廣陵爲宜，於是居之。廣陵人愛其
脩絜而有經術，□□」先生目之。先生性清謹，善於誦説，接人有禮，其□□□」語，率有常也。至貧，衣食或不給，裕然自足。其家人亦能共之，」無憂戚發於
顔面。讀書先其大指，不屑屑於章句，常謂文□」以爻釋事，乾之上也曰「知進退存亡而不失其正者」，蓋亢之」道云爾，而曰「其唯聖人乎」者，非決辭也。於
九五則曰「天地合其」德」「先天而天弗違，後天而奉天時」，豈止「不失其正者」乎。其説」大要如此。其爲辭章，趣尚去世俗甚遠。天聖初，應進士舉□」□
府，名在高等，既不第，愈刻厲爲文，其後沉酣浸灌，益以□」□□。參政歐陽公時在儒館，覽之，愛其清古。慶曆二年八月」□□□□卒。夫人河東裴氏，後先
生十五年，嘉祐」□□□□廿四日卒。一男子□揚州嘗以進士第一薦之□」□□□□親以治平三年十一月十一日□□□□□」□□□□□□二女子，長適
柳初，次適張□□□□□□」□□□□□廿日吾母夫人子之□□□□□□」□□□□□□□□子不可以不銘，乃銘曰：」

……爲文，猗嗟……」

（秦宗林）

〇一

二〇一八年邗江區西湖鎮蜀崗村經九路與緯三路交匯處建設工地出土。僅存誌身，青石質，風化嚴重，長六一釐米，殘寬五六釐米，厚一一釐米。誌文二二行，滿行二二字。

○二一　宋故内殿崇班致仕秦公（詠）墓誌銘并序

元豐六年（一〇八三）五月廿一日

【誌文】

宋故内殿崇班致仕秦公墓誌銘并序」

朝奉郎直集賢院權知應天府兼南京留守司公事錢」

内勸農事上騎都尉借紫高郵孫覺撰」

奉議郎充棣州州學教授趙挺之書」

奉議郎武騎尉孫升題蓋」

公姓秦氏，諱詠，字正之，其先仕江南有顯，後徙淮南高郵家焉。曾祖」裕，祖禹，父玫，贈左監門衛將軍。公少給事御史府，補三班借職爲宣」歙五州茶鹽巡檢，即寧國縣爲治所。縣吏受賕坐法，上官疑且逮公，」治之無一毫汙者。使者楊紘與州將奇其守，交章薦之，改奉職」明堂，汎恩改右班殿直監南康軍茶鹽酒稅，勤而不苛，課以大溢。有」司第其最，遷一官，以右侍禁監押南安軍兵馬、秀州海鹽縣巡檢。」英宗即位，恩改左侍禁，爲臨江軍兵馬監押，遷西頭供奉官。」上即位，恩換東頭，入爲左軍巡使，坐法免。俄轉内殿崇班、南劍州兵」馬都監。歸，以其官致仕。年八十有二，以元豐六年正月廿五日卒於」濱州渤海縣其子定之官舍。娶其里人朱氏，封長樂縣君。子三人，曰」完，蚤卒。次定，宣德郎。次察。女三人，長蚤卒。次適酸棗進士李滐。季適」同郡劉綬，亦先公卒。孫八人，曰觀、震、鼎、升、蒙、涣、益、兑。孫女四人，曾孫」二人，曾孫女三人。公清慎祗畏，莅官行己，有學士大夫之風。居里巷」遇人，雖少且賤，竦然若不克當其意。老而閲佛書，自恨知之已晚，手」抄口誦，不捨朝夕。嘗市馬於所知，不立券，主者欺之，三償其直，不爲」悔。行多類此。雅志好儒，子孫皆畀從事於學，子定中進士第，觀允有」文，蘇子瞻稱之。以五月廿一日，葬於揚州江都縣之東興鄉馬坊村。」銘曰：」

凡世之生，鮮能自克。衆歸吾仁，吾豈無得。」秦公馴馴，以禮下人。無怨無惡，廉清没身。」天實報之，有子有孫。子則是矣，孫其奈何。」其文璨然，蘇子之嗟。邑里齎咨，願公有後。」西山之阿，雖埋不朽。」

金陵袁居中刻」

（劉剛）

宋故內殿崇班致仕秦公墓誌銘并序
朝奉郎直集賢院權知應天府兼南京留守司公事戩
內勸農事上騎都尉借紫高郵孫覺　撰
奉議郎充棣州州學教授趙挺之　書
奉議郎武騎尉孫　外　題蓋
公姓秦氏諱詠字正之其先仕江南有顯後從淮南高郵家焉曾祖
裕祖禹父玫贈左監門衛將軍公少給事御史府補三班借職為宣
歙五州茶鹽巡檢即寧國縣為治所縣吏受賕坐法上官疑且逮公
治之無一毫汙者使者揚紘與州將奇其守交章薦之改奉職
明堂恩改右班殿直監南康軍茶鹽酒稅勤而不苛課以大溢有
司第其賞遷一官以右侍禁監押南安軍兵馬秀州海鹽縣巡檢
英宗即位恩改左侍禁為臨江軍兵馬監押遷西頭供奉官
上即位恩換東頭入為左軍巡使坐法免俄轉內殿崇班南劍州兵
馬都監歸以其官致仕年八十有二以元豐六年正月廿五日卒于
濱州渤海縣其子定之官舍娶其里人朱氏封長樂縣君子三人曰
完蚤卒次定宣德郎次察女三人長蚤卒次適酸棗進士李潨季適
同郡劉綬亦先公卒孫八人曰觀震鼎升蒙渙益兊孫女四人曾孫
二人曾孫女三人公清慎祗畏莅官行己有學士大夫之風居里巷
遇人雖少且賤疎然若不見當其意老而閱佛書自恨知之已晚手
抄口誦不捨朝夕嘗市馬於所知不立券主者欺之三償其直不為
悔行多類此雅志好儒子孫皆畀從事于學子定中進士第觀尤有
文蘇子瞻稱之以五月廿一日葬于揚州江都縣之東興鄉馬坊村
銘曰
凡世之生　鮮能自克　衆歸吾仁　吾豈無得
秦公馴馴　以禮下人　無怨無惡　廬清沒身
天實報之　有子有孫　子則是矣　孫其奈何
其文璨然　蘇子之嗟　邑里齋洛　顧公有後
西山之阿　雖埋不朽

〇二

二〇一一年六月邗江區蜀岡路南延建設工地（西湖鎮蜀崗村呂莊組七仙墩附近）采集。誌蓋正方覆斗式，邊長七八釐米，厚一三·八釐米，蓋面嚴重風化，字迹不存。誌身方形，邊長七八釐米，厚一三·五釐米，表面輕微風化。誌文二九行，滿行二六字。

〇三　宋故長樂縣君朱夫人墓誌

元豐四年（一〇八一）十二月二十一日

【誌文】

宋故長樂縣君朱夫人墓誌」

尚書祠部員外郎充秘閣□……李□□」

夫人朱氏，揚州高郵人也。廿□歸同□秦君詠。秦君仕爲」内殿崇班，以恩封夫人長樂縣君。父□，不仕。子男三人，曰」完，蚤卒；曰定，信安軍判官；曰察，將□矣。女長早卒，次適酸」棗李濼、高郵劉綬。孫八人，曰觀、曰震、曰鼎、曰升、曰蒙、曰涣、」曰益、曰兑。孫女二人，曰巽、曰漸。曾孫一人，曰武。曾孫女三」人，曰蘗、曰藴、曰藻。熙寧七年十月廿□日，秦君監南劍兵，」夫人年七十有一，卒於官舍。以元豐四年十二月二十一」日，葬於江都縣東興鄉之原。夫人温□□□行，女子之所」難者，行之不疑，以終厥身。□以□□□□君母蓬萊太君」謝氏所生崇德太君習氏，皆□□□□□人，身瘽婦事，□」有差等。子既游學，乃痛自貶節，□□□□，其後完□好學」有行義聞。雖不幸以卒，□□□□□□□德善子嗣」也。定以進士登科，而行學□□□□□□□□□學□」觀聰悟有明識，文采瑩然，□□□□□。君賢女三人，無□」皆非夫人出，而愛照均一。□□□□□非其子世之人□」有爲怨仇者。雖謂吾□□尚□□□□和□□□恩而好」施將親妾御能恕，而育八子□□□既□□信，日誦其書，」非疾恙未嘗□□。嗚呼！安□□□匆匆□□□乎！銘曰：」

七子一愛，□□□□。□事慘核，」枝竭窮凶。□□夫人，孰將興隆。」□此世故，□□□□。善則多有，」□□□□。□□□□，往謁幽宫。」

（劉剛）

〇三

二〇一一年六月邗江區蜀岡路南延建設工地（西湖鎮蜀崗村呂莊組七仙墩附近）采集。墓誌保存較差，誌蓋正方覆斗式，殘缺一角，長六四、寬六三、厚一五釐米，蓋面嚴重風化字迹不存。誌身斷爲四塊，長六六・五釐米，寬六三・五釐米，厚一一釐米，部分字迹模糊不清。誌文二四行，滿行二二字。誌主朱夫人，前誌秦詠妻。

〇四　元郭禮用墓誌　至元三年（一三三七）四月十五日

【誌文】

先君郭公諱禮用，字仲和，約齋其號也。居住揚州，在城左南廂」仁豐坊。先君」考郭公大郎諱□□，元係豐州雲内□□初遷於燕，再遷於汴，」三遷於揚州。」妣韓氏，」繼妣高氏。」兄郭太乙郎早世□□□□□司徒廟之西南。」先君宋景定五年甲子八月五□□□寅時生，至」大元後至元三年丁丑二月十九日辛卯□時卒於寢，壽七十有四。」於當年四月十五日乙酉午時，葬於江都縣同軌鄉南界西」吕莊之原。先君娶本州太平坊黄通事之次女，男四」人，孟遵毅，仲養晦，叔謙過房與」姊夫朱千乙公爲後，季幼逝。孫男三人，長克勤，亦早世，與孫」婦徐氏合葬於先君墓之西南，次克勛、克勉。女二人，長」適馬氏元香，次女幼疾，在家修行。」

至元三年四月十五日，孤子遵毅、養晦同朱謙泣血刻石謹誌。」

（劉剛）

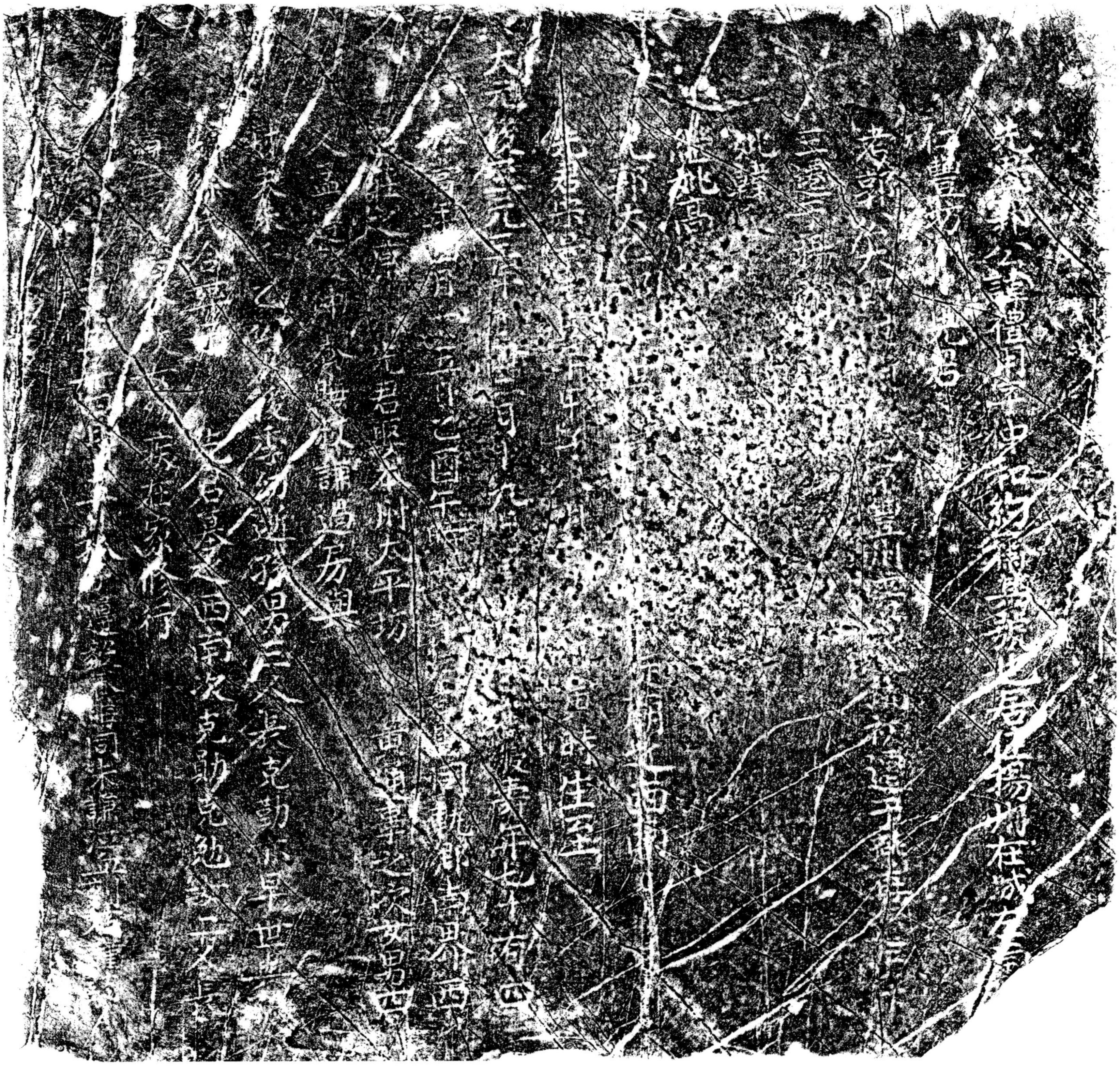

〇四

二〇〇九年七月邗江區城北鄉瘦西湖新苑三期工地（東風磚瓦廠東北，沈家山一帶）采集。僅存誌身，青石質，正方形，邊長三七～三八釐米，厚四釐米。誌石有所殘損風化，上有數道裂紋，部分字迹模糊不清。誌文一六行，滿行二四字。

明代墓誌

附地券

〇五　明慎獨處士王公（忠）墓誌銘　永樂二十年（一四二二）二月

【誌蓋】

慎獨處士王公墓誌銘

【誌文】

慎獨處士王卿墓誌銘」

揚之江都有慎獨處士，姓王氏，諱忠，字本心。以丙午四月二十」四日生於里第，以永樂二十年正月既望卒。訃聞，原哭至三，不」知哀之過於慟也。繼而往吊，厥子鼎文衰絰苦次，泣而請曰：吾」父疾臻寢劇，自度不能起，遂賦詩一律以別諸親友，且囑鉉等」曰：吾即世後，誌吾墓者，必朽庵徐先生也。余之行實知之悉者，」莫先生若也。脱辱發揮以貽於後，庶不泯我父之德也。按狀，王」氏世居河南歸德府永城縣，曾祖□起始學醫術，宋末蒞盱眙，」繼至維揚而家焉。先祖彥達，厥父公中，咸以醫道著稱。而叔父」公節，逮我」聖朝爲」御醫修職郎，其道益彰彰也。而處士天性恪勤篤厚，力傳軒岐」之學，蓋以經史諸子之書，莫不兼習該練，又擅詩畫，工篆隸。矧」以養志，以大其孝，績學以懋，厥才精賢，以高厥名，活人之病而」不責以報者，夫然非直賢門中稱爲巨擘，而儒林俊彥亦仰其」余光焉。若本心者，可謂出類之士矣，实亦世之所罕也。室高氏，」生子男三人，女一人。長曰鑄，字鼎成，早世，娶吕氏，生孫男一，曰」淳，女四人。次鉉，字鼎文，儷束氏，生孫男一，曰泳。三曰鏞，字鼎俗，」聘周氏，女曰蘭，尚幼。嗚呼！以處士之德，宜貴顯，宜壽考，何爲乎」天閼其報施，壽止五十有七而已耶？悲夫！諸孤以是歲上巳之」日，安厝於維揚城東永真之鄉，從于先塋，附于祖考，礼也。四明」徐原揮淚而爲之銘曰：

以儒而大其道，以醫而嗣其家。」詩畫篆隸，發其英華，名芳千載，抑□□也耶？」

永樂二十年玄黓攝提格仲春吉日四明徐原撰」

（孫晨）

〇五

二〇一三年邗江區新盛街道雙墩張巷出土。一合，磚質。誌蓋方形，表面輕微風化，邊長三七釐米，厚五・二釐米，篆書三行九字。誌身方形，邊長三六～三六・五釐米，厚五釐米，表面風化較爲嚴重。誌文二四行，滿行二五字。

○六　明王母高孺人墓誌銘

正統十二年（一四四七）五月十二日

【誌蓋】

故王母高孺人墓誌銘

【誌文】

故王母高孺人墓誌銘」

文林郎廣平府威縣知縣江都向善撰文」

承直郎湖廣荊州府通判甘棠呂寧篆蓋」

中順大夫廣東惠州府知府同邑鄭安書丹」

孺人姓高氏，江都宦族高士明之長女，慎獨處士同邑王公本心之」妻也。以吴元丁未十一月三十日生。適丁國初氣運之盛，而資」稟凝重，德性謹厚，容止端莊。自爲處子，善事父母，克諧兄弟。平生沉」静寡言，唯諾惟謹。父母特鍾愛之，爲擇女師威儀可度者訓之，況孺」人穎敏聰慧，一習於觀感動息之間，其行藏整飭，辭氣從容，自然暗」合程度，若天性之夙成者。大家軌範，綽有餘裕，尤精女紅。及笄，以門」第相等，遂歸王氏。奉翁姑，事夫子，克盡孝敬。待宗戚，處妯娌，舉有調」理。輕重適宜，上下之情莫不咸若，一家之内，穆穆悌悌，如春風和氣。」然惟訓子孫、教諸婦，特加嚴厲。至於祀祖宗，孺人親實俎豆，必致其」潔。宴賓客，孺人親主中饋，必致其豐。而王氏家法整齊，子孫賢孝，閨」門莊肅者，孺人内助之功居多焉。翁姑繼殁，孺人贊襄大事，舉措合」度，弗違制禮，識者可之。慎獨處士既殁，孺人哀毁幾斃，如執親喪，識」者悼之。嗚呼！處士去世二十六年，孺人享年八十有一，以壽考終於」正寢，時正統丁卯三月初六日也。子男三，曰鑄，蚤逝，娶呂氏。曰鉉，娶」束氏。曰鏞，娶周氏。女一，適同邑高元。男孫五，曰淳，鑄所生，娶劉氏。曰」泳，娶楊氏。曰潤，娶臧氏。曰泝，未娶，鉉所生。曰涇，未婚，鏞所生。女孫十」人，俱適邑之望族。曾孫男一，曰楫；女二，俱幼。於是年五月十二日葬」於郡城西善應鄉蜀岡之原，其子鉉乞銘以封壙。銘曰：」

瞻彼高原，蜀岡之陽。龜從蓍從，終然允臧。」爰鑿佳城，日吉辰良。樹之松柏，鬱鬱蒼蒼。」有寧幽宮，且樂且康。淮山峨峨，淮水泱泱。」蔭彼後昆，維時有光。勿替引之，悠久無疆。」

（孫晨）

〇六

二〇一四年新盛街道雙墩張巷采集。一合，青石質。誌蓋方形，邊長五四·五～五五釐米，厚六·四釐米，周飾纏枝卷草紋，表面輕微風化，右上角略殘損，篆書三行九字。誌身方形，邊長五五釐米，厚六釐米，周飾纏枝卷草紋。誌文二五行，滿行二六字。誌主高孺人，前誌王忠妻。

〇七　明故處士王鼎文（鉉）墓誌銘　天順七年（一四六三）十二月十八日

【誌蓋】

［故］處士王鼎文墓誌銘

【誌文】

□□□□□墓誌銘」

……撰文」

……中書邑人張……篆蓋」

……編修南昌張元禎書丹」

□□諱鉉□□□字□文□前」□□□□□王君公忠之庶孫，□□慎獨處士王公本心之仲子。□宗」□□□□□穎，讀書明□，克孝克弟，且□□□□□□□」□□□□人□具□不□者，處士其有之□。父兄□□□□□」□□□□之□□□子弟之道用，是郡邑□其□□□□□□」□□服其□□□□出一辭也。晚年以來，悉以家事□託□□，而」□招邀故□□□林泉，□遊神於虛無之□，以樂情於清□之境」，□可謂識性□之道□□□者矣。一日，沐浴□□□□□□於」法辰，將長往矣。無何□□□端坐中堂而瞑目□□之矣。時天順」七年十一月二十一日丙寅也。壽得七十有五。揚之吊者，□□酸」鼻。上距洪武二十二年八月十有五日，其誕□□。厥配束氏，生子」三人，孟名泳，仲名潤，季名泝，皆世其業。邑士之子楊氏、臧氏、汪氏，」其三婦焉。女一，□□□□□□□張君□□□□□□□□□」也。孫男四人，長□□者，泳妻楊所生。次曰□，潤妻臧所生。□曰□，」泝妻汪所産。□□卜是歲十二月十有八日□□□□□□」鄉張家庄寅□□之塋，束氏孺人左。□□其□□□□□□」血請銘封壙，爲之銘曰：」

處士之生，惟德之行，□□克悌，」□□既喪，仁義斯尚，□□是寧，」□□□去，□□成林，□□□□，」□□□□，一疾弗起，□□□□，」□□□□，□□泉□，蔭子□孫。

（劉松林）

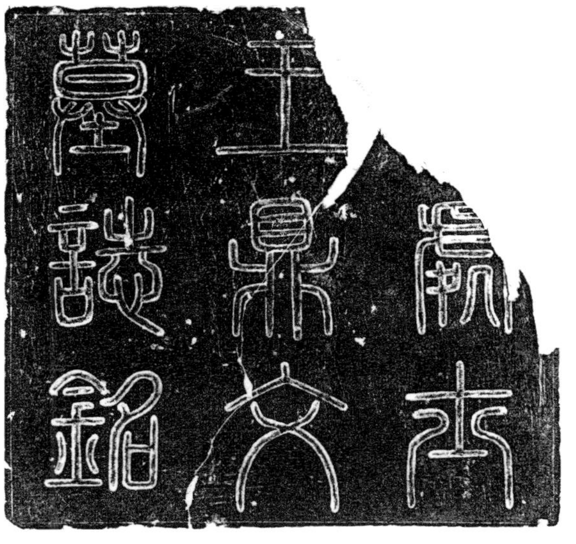

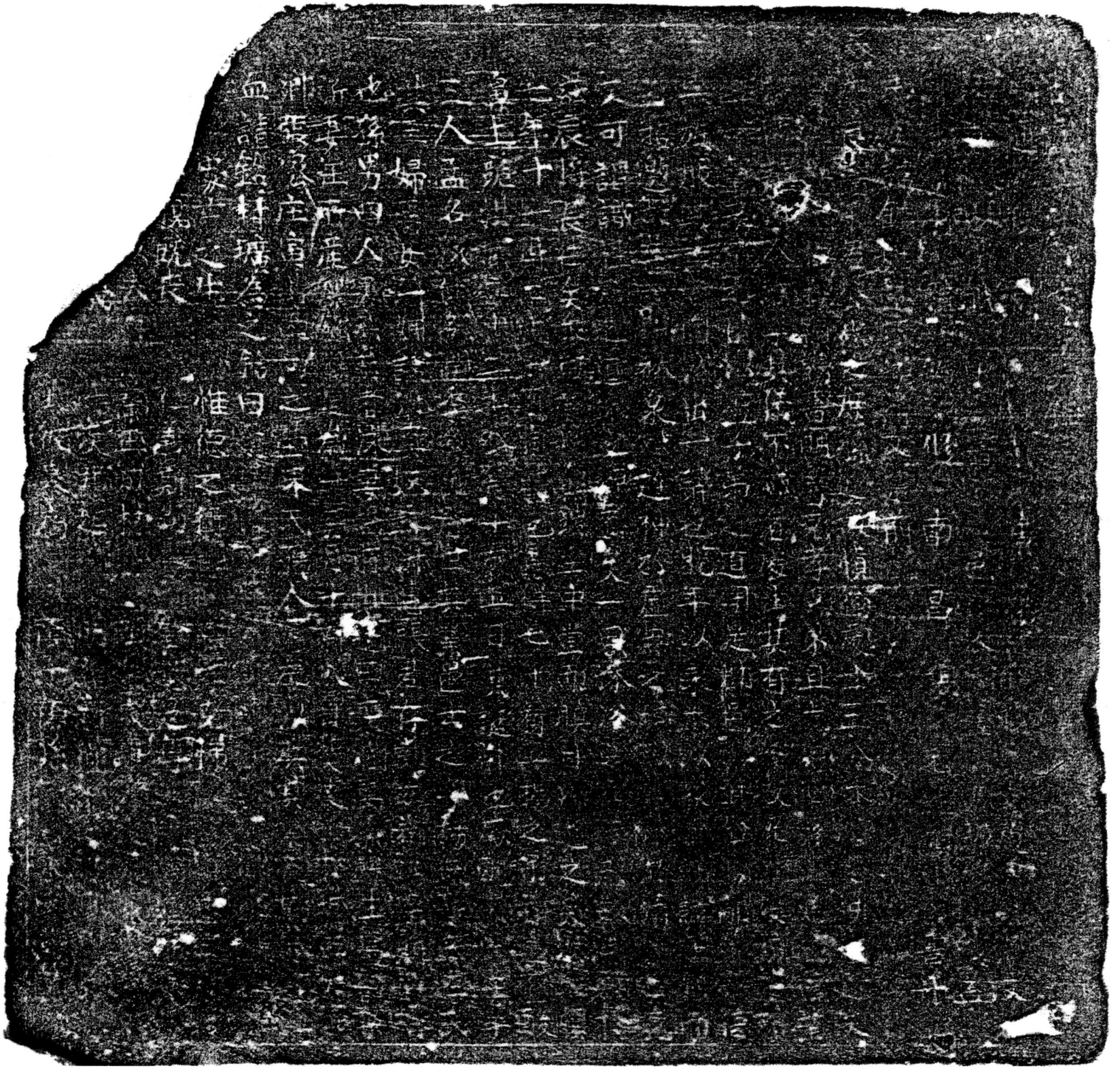

〇七

二〇一四年邗江區新盛街道雙墩張巷出土。一合，磚質。誌蓋方形，邊長三七釐米，厚五・五釐米，右上缺一角，篆書三行九字。誌身方形，邊長三七～三八釐米，厚五・五釐米，右上缺一角。誌面字迹模糊不清，誌文二五行，滿行二四字。誌主王鉉，前誌王忠、高孺人次子。

○八　明王室（鉉）束氏孺人（善清）墓誌銘

天順五年（一四六一）十二月十八日

【誌文】

故王室束氏孺人墓誌銘　廣陵方同撰文篆蓋」

孺人姓束氏，諱善清，淮西茂族束公均寶之女，江都世□」王公鼎文之妻也。母王氏，以洪武二十一年戊辰生孺人」於九月八日丑時，禀性凝重，容止端莊，克孝父母，克諧兄」弟，且尤巧於女紅，慎於祭奠，故凡裁製衣服之事，烹調□」醢之品，不待姆教，咸中矩矱。及笄，歸鼎文，力以婦道自持，」閨範自守。然於舅姑宗族也，既盡孝義之誠，於娣姒子姪」也，尤崇夫和惠之禮。始終踐是，而謹身治家，以相其良人。」故鄉鄙爲之稱嗟，閨門莫不矜式。晚年以來，子壯家成，正」宜其夫婦偕老，以樂乎春秋之富。奈之何天不假□，享年」僅七十有四，以疾遽終，在天順五年辛巳十一月十有四」日巳時也。孺人生子三人，長泳，娶楊，次潤，娶孫，三沂，娶汪。」女二，姊諱淑真，蚤適同邑張敖。妹諱淑惠，近配舍人方靖。」〔孫〕男四人，名杲、名欒、名臬者，泳之子也。名曰稟者，潤之子。」□□卜是年十二月十有八日，葬孺人於城西善應鄉張」□□□山申向之塋，以妥其魄。預期，鼎文携其子孫請銘，」□□□不辭，而按狀以復其意如此云。

銘曰：」

□□孺人，賦性温淳。敦崇孝義，篤尚慈仁。」□□心怛，言婉容娩。胡爲一朝，長逝不返。」□□□崗，松梓蒼蒼。明從歸窆，日吉時良。」□□□碣，爲封竃穴。蔭尔子孫，世延瓜瓞。」……

辛巳十二月十八日立」

（劉松林）

〇八

二〇一四年邗江區新盛街道雙墩張巷采集。僅存誌身，磚質。方形，邊長三七～三八釐米，厚五·五釐米，左上一角破損，表面嚴重風化，字迹模糊不清。誌文二二行，滿行二二字。誌主束善清，前誌王鉉妻。

○九　明處士張公仁本（換）墓誌銘　正統元年（一四三六）七月廿七日

【誌蓋】

處士張公仁本墓誌銘

【誌文】

故處士張公仁本墓誌銘」

公姓張氏，諱換，字仁本，系出維揚右族，上世累有聞人。考諱」安，處士。張公，妣陳氏子也。生而性純穎達，甫弱冠，已毅然有」遠大之志。雖居廛市中，不爲流俗所移。且篤於倫理，父母昆」季稱其孝友，人無間言。暨膺過庭之訓，有素篤信謹守，循循」有儀度。凡有所事，動無違禮。其於應持門户，卓守成業，常超」出乎群衆之表，而人亦相愛敬之，以故益振起其家聲。尤廣」鎡基，以遺來裔。優游鄉閭，宜終百年。不幸纔五十有七，而天」奪其餘矣。生子男三，長曰政，娶劉氏。次曰啓，娶王氏。曰斆，娶」盛氏。男孫三，曰欽，曰鋭，政所出也。曰○，斆所出也。女三，曰○」○，曰○○，曰○○，俱適名門。先是兄大本早逝，遺孤子曰敬，」公撫育之成童，延師以教。殆長，益隆冠婚之禮，娶李氏，與財」豐於己子，蓋厚於兄也。生姪孫三，曰鉉，曰銘，曰鑑。曾孫一，女」一，尚幼。公以洪武己未三月初四日生，宣德乙卯十一月一」十五日卒。卜明年丙辰七月廿七日葬於揚城西北十里善」應鄉李家山之原。其姪敬率諸子政等請銘題其墓。銘曰：」

伊公之生，德性仁淑。不黨於群，」不流於俗。孝友承家，行益敦睦。」撫兄遺子，延師教育。冠婚禮幣，」恩義尤篤。天其佑之，子孫遐福。」

正統元年歲次丙辰七月中浣」

賜進士兼翰林院庶吉士江都趙理□撰」

鄉貢進士江陰薛鳳書丹」

（秦宗林）

〇九

二〇一八年邗江區西湖鎮蜀崗村出土。一合，磚質，誌蓋正方覆斗式，上部殘損，邊長三五釐米，厚六釐米，篆書三行九字。誌身方形，邊長三五釐米，厚六釐米。誌文二三行，滿行二三字。

一〇　明張母陳孺人（善喜）墓誌銘

正統十年（一四四五）十二月

【誌蓋】

故張母陳孺人墓誌銘

【誌文】

故張母陳孺人墓誌銘」

文林郎直隸廣平府威縣致仕知縣同邑向善撰文」

中順大夫四川成都府知府南昌陳縠書丹」

浙江處州府青田縣儒學訓導瓜渚陳益篆蓋」

孺人姓陳氏，諱善喜，維揚江都清幽處士陳彦實之女，同邑望族張仁本」之妻也。生有淑德，資質柔順，性行敦謹，慈詳婉娩。居家善事父母昆季，宗」族鄉里恒以孝悌称。幼服女師教，操履端潔，容止安和，沉默簡静，謹飭寡」言，尤精女紅。閨門之内，軌範肅然。及笄歸張，常執婦道，敬事翁姑，逡巡進」退，嚴威儼恪，未嘗少怠。親操井臼，主中饋，供甘旨，縫衣裳，朝夕敬事惟謹，」稍有休暇，閑居私室。夫婦相對，必斂衽端坐，正容悦色，若見大賓，而無狎」昵態，鄙俚之言，絶不出諸口。仁本見其恭莊正大，亦加以禮自防，斂容起」敬。時仁本孟兄物故，仲兄以富民分坐北京，孺人獨與其夫綜理家政，克」勤克儉，多運方略，以協内助。而資産豐贍，家道安和，日新月盛，倍於他日。」□□四時佳節，祀祖宗，宴賓客，薦蘋藻，設肴羞，必親必躬，惟豐惟潔，莫不」□□□□。至於處宗族有恩，待鄉鄰有禮，訓子孫有方，御僮僕有惠，亦各」□□□□□□者，故邑人皆稱孺人爲張家哲婦焉。且孺人歸張四十」□□□□□□□夫三喪，衣衾棺槨之制，斂殯祭葬之禮，咸出孺人」□□□□□□□□□以爲善居喪。雖古有男子顔丁，亦弗是過。仁本」□□□□□□□□□□以疾卒於正寢，在正統十年十月初五」□□□□□□□□□□子男三，孟曰政，娶劉氏。男孫三，鏜、欽」□□□□□□□□□□［敦］娶盛氏。男孫四，鑾、鏄、鉞、鏌。女三，」□□□□□□□□□□□□家子。女孫四人。卜是年十二」□□□□□□□□□□□張氏之先塋，從禮也。其家嗣政」……」

□□□□，□□□□。静□恭莊，性謹而敦。」□□□□，□□□□。天實眷之，保佑斯存。」□□□□，□□□孫。奄忽云亡，曰窆曰窀。」□□□□，□□後昆。凡百斯年，修久無恨。」

（秦宗林）

一〇

二〇一八年邗江區西湖鎮蜀崗村出土。一合，青石質。誌蓋方形，邊長五三・七釐米，厚七釐米，上部殘損，周飾雲紋，篆書三行九字。誌身方形，殘高五四釐米，寬五六・五釐米，厚七釐米，周飾雲紋。誌文二七行，滿行二八字。誌主陳善喜，前誌張換妻。

一一　明故居易處士張公汝貴（鐏）墓誌銘

弘治二年（一四八九）七月二十一日

【誌文】

明故居易處士張公汝貴墓誌銘」

賜進士中憲大夫浙江按察司副使里人高銓撰文」

賜進士中順大夫台州府知府里人馬岱書丹」

賜進士奉議大夫雲南按察司僉事里人丘俊篆蓋」

按狀，公姓張，諱鐏，字汝貴，別號居易。弘治二年季夏六月二十」七日，以疾卒於正寢。卜是歲孟秋七月二十一日，孤子瀛奉柩」歸葬於善應鄉金匱山蜀崗之陽，於祖塋之次，序昭穆也。其先」人張公仲文，扈蹕」太宗文皇帝渡江，遭逢寵遇，錫官不受，故家世居揚焉，公其後裔也。公」爲人平易，不尚華飾，性梗直，不喜私蓄，人有是非不直者，面斥」之無回互。事父母極孝，處兄弟有禮，遇鄉黨有道，訓子姓有方，」發言真實，堅若金石，人皆呼爲信人。應事接物，雖急遽之際，勢」所不及者，從容以處之，無不中節。遇難事，必委之於天，凡僥倖」於其所難必者，一皆不爲。以此縉紳士夫多重之。幹蠱裕家，操」弧矢，冒風霜，二十餘年。名山大川，無不觀覽，交結賢哲，吟風對」月，鳴琴賦詩，風韻藹如也。據公壽五十有二，生於正統三年三」月二十五日辰時。父承事郎義官張公存學，母盛氏，繼母沈氏、」陳氏。公，盛氏所出也。公行二，娶揚州府醫學正科蕭公大用之」女蕭氏。生一子，曰瀛，娶承事郎義官鄔公迂用之孫女鄔氏。生」女一，尚幼。生孫一，曰桓，瀛所出也。以公之德，宜乎享有高壽，今」而遽奪之者，天也，吾不知也。雖然，人之有生必有死，死而得其」名者幾何，若公之爲人，無愧於俯仰顧盼之間，則亦可謂生順」而死得其安者矣。嗚呼，不可以無銘。銘曰：」

行己純厚，公之賦受。立心不欺，公之操守。」箇錢寸帛，不自私有。一琴一鶴，怡然忘憂。」天生哲人，宜享高壽。遽得斯疾，天胡勿祐。」蜀崗之陽，保封其丘。垂裕後昆，億萬斯秋。」

（秦宗林）

一一

二〇一八年邗江區西湖鎮蜀崗村出土。青石質，僅存誌身，方形，邊長四九釐米，厚七釐米。誌文二七行，滿行二四字。誌主張鏄，父存學，母盛氏。存學，即前誌張換，陳善喜第三子敩。鏄，見前陳善喜誌。

一二　明故方母羅氏（善堅）墓誌銘　正統十二年（一四四七）十月十三日

【誌蓋】

明故方母羅氏墓誌銘

方母羅氏墓誌銘」

【誌文】

南京翰林侍講學士奉訓大夫前兼修」
國史兼經筵官吉水周叙撰文」
中憲大夫南京太僕寺少卿錢唐王榮書丹」
賜進士中憲大夫南京太常寺少卿四明鄭雍言篆蓋」

江都義民方福有賢母羅氏，以今正統丁卯二月六日卒，將卜是年十月」十三日，祔其先君子處士之兆于城西原。先期，遣弟祚詣京師，以太常寺」卿徐公所狀行來求誌幽之文，予辭不獲，乃按狀敘次之。羅氏諱善堅，其」先世居閩之長樂，與同邑方氏皆故族，大父○，父○。羅氏幼聰慧，善女紅，」父母鍾愛之。既笄，擇配得處士玉惠，乃歸焉。相攸克儉以勤，奉舅姑以孝，」處娣姒、待宗姻以和敬。至於主中饋、司剪製之勞，必身先之。以故賢德之」聲，內外無間。洪武間，玉惠以賦役詣揚州，當挈家往。羅氏寔隨行，至則營」室廬，購田園，居積貨泉以治生，夙夜弗怠，克底殷裕。玉惠卒，誨育諸子，軌」範殊嚴，稍有違戾，輒戒責諄諄，不少貸。致一門皆祗服恩義，貲產愈隆者，」內訓之力也。玉惠有孤姪容，在長樂，特取置江都，撫之不啻己生。既長，爲」成其室家，鄉里稱之。歲壬戌，」朝廷遣官諭民之饒於貲者，出粟佐官資賑恤。羅氏聞之，召其子福語之曰：」人有積，貴能散，散而當乎義，善也。兹」國家欲廣仁惠以及民，汝等可不欽承」德意哉？福兄弟於是出粟二千斛，遂膺」璽勑，有義民之旌。於乎，詎非所謂賢母乎！其生以元至正丁未五月廿七日，」享年八十有一。子男四人，長即福，次禮、禋、祚，即求銘者。孫男十二人，端、靖、」遵、翊、竑、羲、蒣、竬、新、鼎、鼐，遵今爲郡庠生。孫女三，曾孫男女各一。銘曰：」古稱女德，興替攸關。猗歟方母，內訓克閑。」既相其夫，復成厥子。婦道母儀，著稱閭里。」子荷義封，母教之從。壽考康寧，厥聲渢渢。」郡城之西，君子同兆。勒銘誌幽，以告爾後。」

文林郎工部營繕所正吴郡楊春鐫」

（薛炳宏）

一三

揚州城西出土。一合,青石質。誌蓋方形,邊長五九・五~六〇釐米,厚八釐米,周飾雲紋,蓋面篆書三行九字。誌身方形,邊長六〇釐米,厚八・五釐米,左上角破損不存,誌文外綫刻邊框。誌文二七行,滿行二八字。

一三　明故處士方公（祚）墓誌銘

成化五年（一四六九）十一月四日

【誌蓋】

明故處士方公墓誌銘

【誌文】

……毅庵處士方公汝善墓誌銘」

資善大夫都察院右都御史寧德林聰撰文」

賜進士出身吏部主事郡人張鼐篆蓋」

賜進士出身試政户部同邑吴傑書丹」

明威將軍僉揚州衛事方君鐍叔考既殁，成化之五年以防秋來京師，持同郡教諭施」敬所狀行實，丐銘於余。矧考之先世南閩者，有通家好，殆三世矣，誼不容以王事辭。按」狀，公諱祚，字汝善，毅庵，其别號也。曾大父公道，不仕。元時，大父原正隱居弗禄。父諱玉，」國朝洪武初謫戍維揚，遂家焉。母羅氏，克閑婦道，斬斬有家法。生四子，汝海承父祖業，例」輸粟，旌表爲義民。汝立爲義官。汝敬生鐍，贈如官。行四即公也。甫成童，識高才挺，」博聞廣見，流輩無競。壯趨家學，力追賢範，其藴而爲德行，發而爲詞章，播而爲令聞，莫」不珠輝而玉瑩。聆其議論，接其威儀，孰不駭視而傾聽者。以故達官貴人交相引重，踵」踵矣。至立時，一以煮海事志，爵禄不入其心，若將終身焉。父先卒，哀毁幾絶，殯葬如禮。」事母，極甘脆之養，朝夕罔倦。母遘疾，衣不解帶，侍湯藥必親嘗乃進，夜則焚香籲天，願」以身代。壽終，亦殯葬如父，不敢有過。公克孝矣。汝海一日以風疾能身，公捐資弗吝，延」醫遍天下，未嘗語勞。汝敬以驍勇聞於永樂宦臣三寶，欲取從征西洋，以官厥能。公毅」然曰：吾兄以駑弱之資而不果，西洋之役乞代之。三寶嘉其善，遂止之。公克弟矣。至若」撫夫族之猶子曰新，幼而失父，矜如己子，資其綜理，席爵爲昭信校尉。公克慈矣。爲子」克孝，爲弟克弟，爲長者克慈，皆足法於一家，是以鄉評韙之，後昆範之，士林重之，群耳」目不可塗也。公素無恙，去年秋偶以病風，昏不知事。少間，忽令其沐，沐已，即整衣微誦」西銘曰：存，吾順事；没，吾寧也。諸子泣下，請遺言。曰：吾平生俯仰無愧，奚以言爲，但治喪」宜如禮，毋尚浮靡，以滿我一點願可也。言竟乃逝，寔成化丁亥三月四日也。距其生洪」武辛巳四月二十一日，享年六十有七。先配吕氏。繼配强氏，卒，生一子天祥，娶己丑進」士張鋭之妹。續配印氏，生六子。天瑞，聘士人滿志之女；天然，補郡庠弟子員，掇高科、都」高爵，跂足可俟，娶千户侯劉茂之妹；天奇，聘同郡鄭知府之孫；天倫，未聘；天胤，聘千户」侯夏顯之女；天祐，未聘。女一，順貞，在室。孫女二，婉儀、莊儀，俱幼。茲以卒之次年己丑十」一月四日窆於城北大儀鄉之原。嗚呼，銘豈易言哉！蓋以德有関乎世教，行有厚乎風」俗，然後銘稱其情矣。今處士生有可述之德，死有可稱之行，之德之行雖不克有以大」用於當時，之慶之澤實足以永光於其後，雖死猶不死也，初何較其銘不銘哉！噫！天福」善人，俾不終厄，吾於公見之矣。是皆爲可銘也！」銘曰：」

嗟哉處士，賦性謹恪。克著門祚，孝弟允若。」譽聞鄉黨，禮約文博。隱顯榮瘁，卓彼先覺。」有武既榮，有文未作。繩繩蟄蟄，雲霄鵬鶚。」天福有德，身晦後爚。窀穸有銘，瞑目無怍。」

（朱超龍）

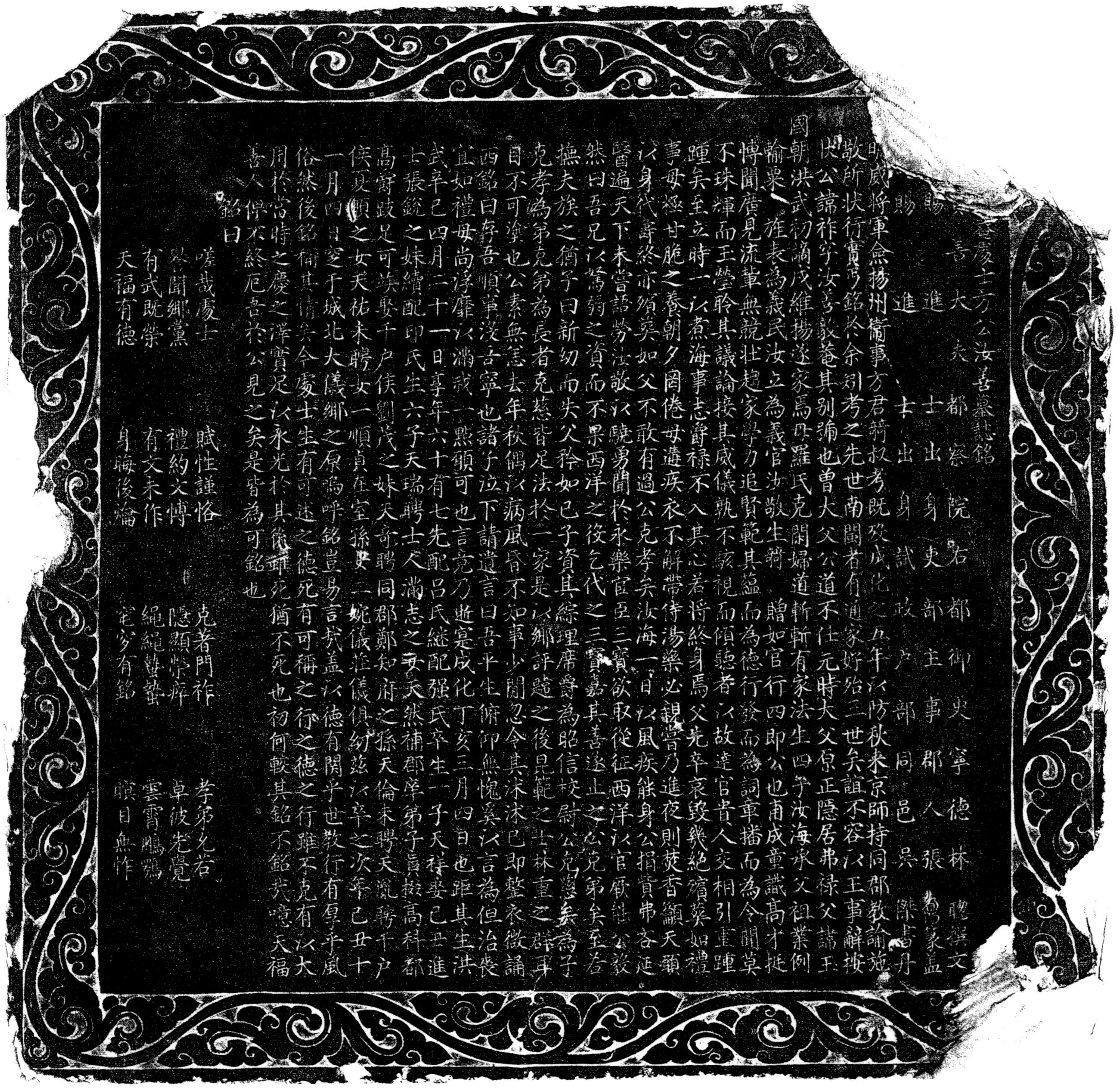

一三

竹西中學外東北采集。青石質，一合。誌蓋略呈盝頂，蓋面邊長五七·五釐米，底部邊長五三·五釐米，厚一三釐米，蓋面保存較好，字迹清晰，篆書三行九字。誌身方形，邊長五七釐米，厚一四釐米，四周飾草葉紋，邊角有破損，字迹清晰。誌文三三行，滿行三三字。誌主方祚，前誌羅善堅第四子。

一四　明鄧州幕僚濱泗方君墓志銘

嘉靖四十二年（一五六三）十一月二十九日

【誌蓋】

明鄧州幕僚濱泗方君之墓

【誌文】

明鄧……」

方君諱□□□□□□□□濱泗。其生正德癸酉正月五日，□□太學生待選，選授」河南□□□□□□□官不稱其志也，□鄧州，未三載□□而□，志不安其官也。」歸未□□□□□□□而□嘉靖癸亥三月十又六日。先是，□子視其殮，」撫而哭之□□□□其志涕淚交□不能已。悲□！厥子玉先等以是年十一月二十」九日葬厥□□□乞予銘，予故悉君先世福建長樂人，高祖榮以武功任揚州衛」百户。曾祖□□□賑飢，表義民。伯祖籥入粟於邊，官指揮僉事。籥弟天然，登成化丁」未進士，户部□□也。祖曰天倫，別號□□。父曰顯，號桂山。母高氏，科第世家，君爲邗」江翁長孫□□□□桂山□□教□切□□先世源流，祖愛父教，切思奮身，一第」光門户，自□□□實□若□□而内□□之□不作僞，誦句讀，强記力，探作文，苦」思盡慮，務□□□□□□□事□□□省□見四方賢達著作，輒仿傚之。比遊」郡庠，卒業，大□□□□□□□意進取□□□獲及授官又不獲可展布，竟泯泯」焉悒怏九原□□□□□□若其淳厚朴實，口無逸詞，擇地而行，不踐一議，内外尊」卑，率直道事之□□□□□立，事未可峻，拒弗爲，蓋其性源天植，雖未一一校勘，知」所由來。然而順□□□□□□□使遂其志，見於施行，豈不賢於矯誣罔詐欺世以」竊名者哉。昔□□□□□□□莊同選應□獲拜邗江翁□忘年禮接之，見翁爽」朗軒豁，謙讓□□□□□□也。既交於桂山，□□□□遺君從予學舉子業，隨以」長女配予子□□□□□山尤愛□力□□□□□人□□□家食時邗江翁卒，予」弔而傷之。後□□□□□□官歸，桂山卒，予悼而□□之。及□又哭，君且見□子率孫」執喪焉。予與□□□□□□十年中，未四十年而□哭。祖子孫三世，又見其兩世，後」人彬彬皆可望□□□□而所以□君，有何□□□矣。娶李氏，都指揮實齋之女，繼」陳氏，指揮竹心□□□□。曰正元，□學生，娶□□張龍池女。曰言元，娶通判何石庵」女，俱李出。曰□元，□□學選士□□□女陳□□。女四人，長適王漸，禮部儒士尚書」輿浦公侄孫主簿□□□，李出也。次配□□□府學士副使省庵翁孫縣丞桂岩子。」又次許何竹濱子□□□庵竹□□副使□□翁弟子。次尚幼。皆陳出也。君親戚皆」名家，且一妹爲予「子」婦，□□鄭知府三□□子婦，方氏之雅尚高志，並可知也。而君」顧以鬱鬱終，悲哉！銘之曰：」

惟方氏之流風兮，□志□□君□□□□□□□□則主忠。合心與志忡忡兮，□後人」而圖功。」

鄉進士國子□監江都……［撰］

邑人吴承嘉書篆」

（朱超龍）

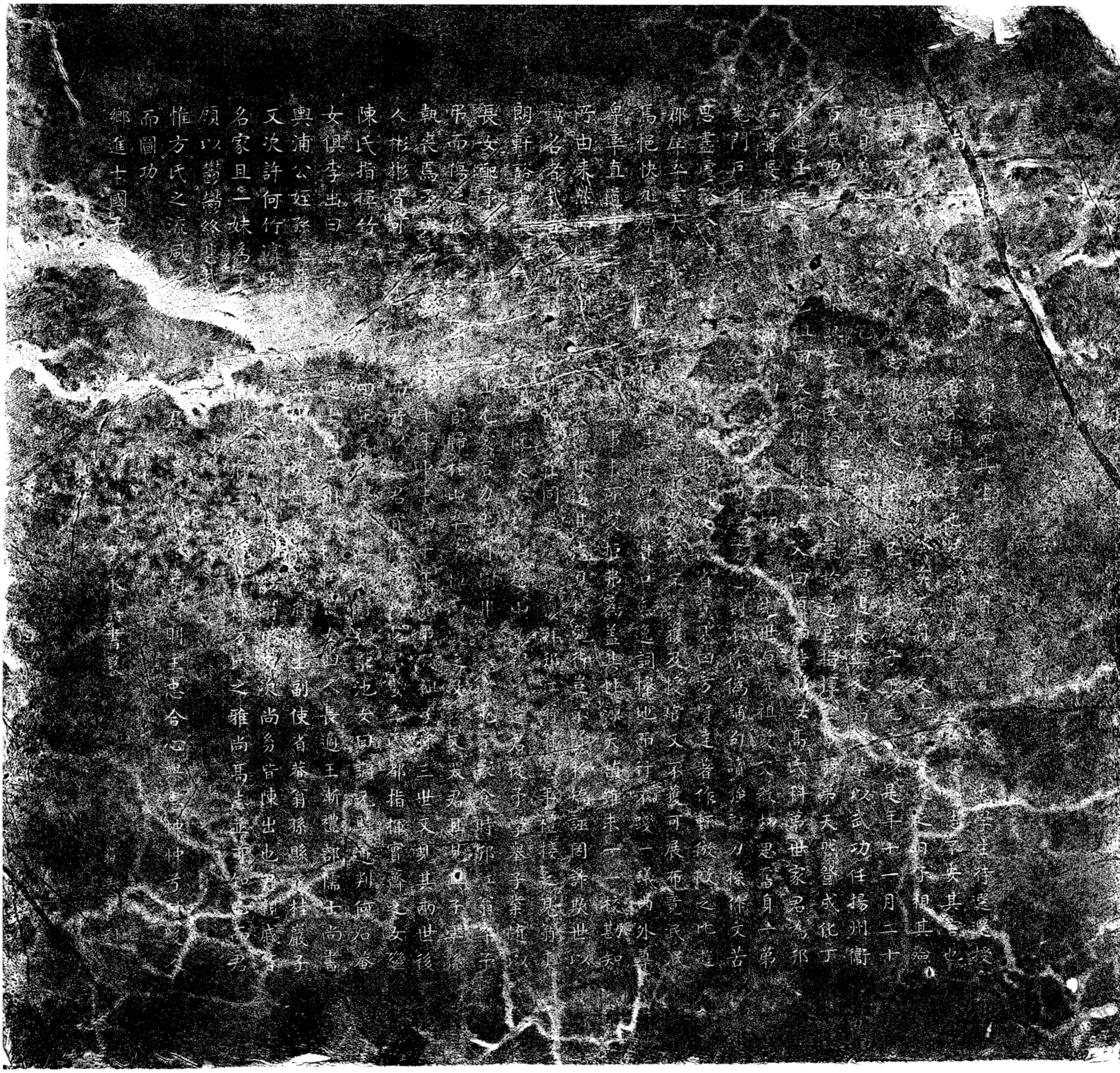

一四

一合，青石質。誌蓋方形，邊長六〇·三釐米，厚一三·四釐米，篆書四行一一字。誌身方形，邊長五九~六〇釐米，厚一三·三釐米。誌身部分文字模糊不清，誌文二九行，滿行三二字。誌主方君，前誌方祚第五子天倫之孫。

一五　明故昭信校尉喬公（貴）墓誌銘

景泰六年（一四五五）九月十□日

【誌文】

明故昭信校尉喬公墓誌銘

賜進士出身翰林院修撰承仕郎……」

奉訓大夫南京後□都府經歷天台□□□……」

文林郎南京江西道監察御史江都□□……」

景泰甲戌八月十一日巳時，揚州衛昭信校尉喬公永貴以疾終□□□」揚之人吊哭者匝道。公之子英等，卜以次年乙亥秋九月十有□□□□□」於蜀岡之原。先期，衰絰泣血，請予銘諸幽。予知公頗悉，安敢辭，謹□□□」姓喬，諱貴，字永貴，世爲大寧人。父文友，隱德不仕。母關氏，生公。公□□□□」卯十二月初八日卯時。公之在髫年，驍勇□人，雖與群兒戲，輒□□□□」志。既長，讀父書，繼父志，凡諸動作，悉中矩度。人咸奇之曰：此子□□□□」厥宗。後果奮身戎伍，累以擒拏達賊有功。時記功者失於□之□□□□」太宗文皇帝即御札，特」賜俞姓，授昭信校尉百户侯，職進□六品□□。受職，愈□□……」聖駕征剿胡虜，其獲功居多，公□不計其功而……」聖明嘉惠之至恩也。以故其楮幣白金之賞，何□□□□公之□□□□」忠殫誠，光前裕後，可謂至矣。不意一疾物故，壽年八十□□□□□□□」公者乎。先配尚氏，早逝，生家嗣曰慶，襲公職，先卒。娶奚氏，生□□□□□」補蔭爲百户侯，尤驍勇有謀，克肖先德。娶蕭氏，子女四，曰妙善，妙□，□□，」妙秀，其婿則桑懋、張智、馮榮、田□，皆將官子也。繼室張氏，生子男□□□」娶王氏。曰俊，氣清質美，游邑庠習□子業遠大可期。曰傑，尚幼。□□□□」端未笈。嗚呼！公之生也，其積功立德，固足以光前裕後，公之□□□□□」子賢孫以繼嗣之，可謂生順死安矣，宜乎爲之銘。銘曰：」

嗟哉喬公，氣宇豐隆。事親□國，惟□□□。」聖朝褒美，崇德報功。天不□遺，□□□□。」金匱在南，蜀岡在東。盤然一宅，□□□□。」

□□參江都……」

（朱超龍）

一五

僅存誌身，青石質。保存較差，下部破損不存，誌面略有風化，高五四，殘寬四五釐米，厚度八釐米。誌石四周綫刻紋飾，上部主體紋飾爲雙鳳，雲紋周飾其間，左右爲草葉紋，主體紋飾不辨。誌文二五行，滿行二八字。

一六　明故武略將軍劉公（信）墓誌銘　天順三年（一四五九）十一月十二日

【誌蓋】

明故武略將軍劉公墓誌之銘

【誌文】

故武略將軍劉公墓誌銘」

文林郎江西道監察御史致仕瓜渚劉景撰文」

奉議大夫廣西柳州府同知淮南郁材書并篆」

公姓劉氏，諱信，字本忠。其先爲永平府撫寧邑之望族也。有諱忠，先宣慰」司副使兼管軍鎮撫，」國朝初隨海西侯於亦土河總戎，宋國公部下歸附，屢以奇勳授揚州衛昭」信校尉者，公之大父也。諱庸，洪武壬午赴」大營朝」見，錫以金幣璽書，特陞副千户，進階武略將軍者，公之先君也。公爲二公之後，」於永樂乙未世襲前職。公生而秀拔，亢爽殊異，膂力智謀，綽有過人者。嘗」讀孔孟經書，能領大義，鋭情孫吴兵法，探討至頤。其奉親也以孝誠，宅心」也以仁恕，逮下也以恩威，馭衆也以信義。處于昆季之間，若從兄曰廣，弟」曰浩，曰敏，尤能交相友愛。平居則怡怡如也，鄉里恒以孝義著聞。宣德丁」未，所司以公素閑弓馬，精於訓練，掄選率旗士京操，捍禦外侮。公益夙夜」懷忠，臨事立決，嚴不失於苛，寬不至於縱，且與行伍同欣戚而先勤勞，亦」不以始終間。以故軍士慴伏，感慕愛戴，不啻若嚴父慈母。然景泰壬申，尋」以疾耄乞歸致政，聞之者罔不泣下，願留而終弗果焉。公之冢嗣曰瑛者，」克紹厥美，而且能養志，政宜功成身退，永膺難老可也。何享年六十又一，」而遽止於斯耶，寔天順丁丑五月二十七日午時。洪武丙子十二月十六」日戌時，則生辰也。配錢氏，有淑德。生二子，伯即户侯瑛也，娶魏氏，生女孫一，」曰藏兒。仲曰琅，娶本衛揮使張宅女，生男孫一，曰五十，女孫一，曰秀兒。」女二，長適百户次子王玺，次歸千户弟文濬。繼娶張氏。擇以己卯十一月」十二日，祔葬于善應鄉祖塋之原。瑛含哀，服衰絰，纍然乞銘以封壙。嗚呼！」公之處世，其立德操行，忠孝之譽，藉藉在人，誠爲劉氏之孝子慈孫，將門」之能臣也。既而云歿，復何憾焉，是宜銘。銘曰：」

惟公之生兮武弁云仍，惟公之德兮忠孝著聲。」睦於宗族兮昆玉咸稱，篤於教子兮抵於有成。」撫綏有方兮軍旅儀刑，天道好还兮既壽且寧。」溘然長逝兮理胡足徵，涓吉宅窆兮斯鑿佳城。」子孫保守兮蟄蟄繩繩，千秋萬古兮永播斯銘。」

（魏旭）

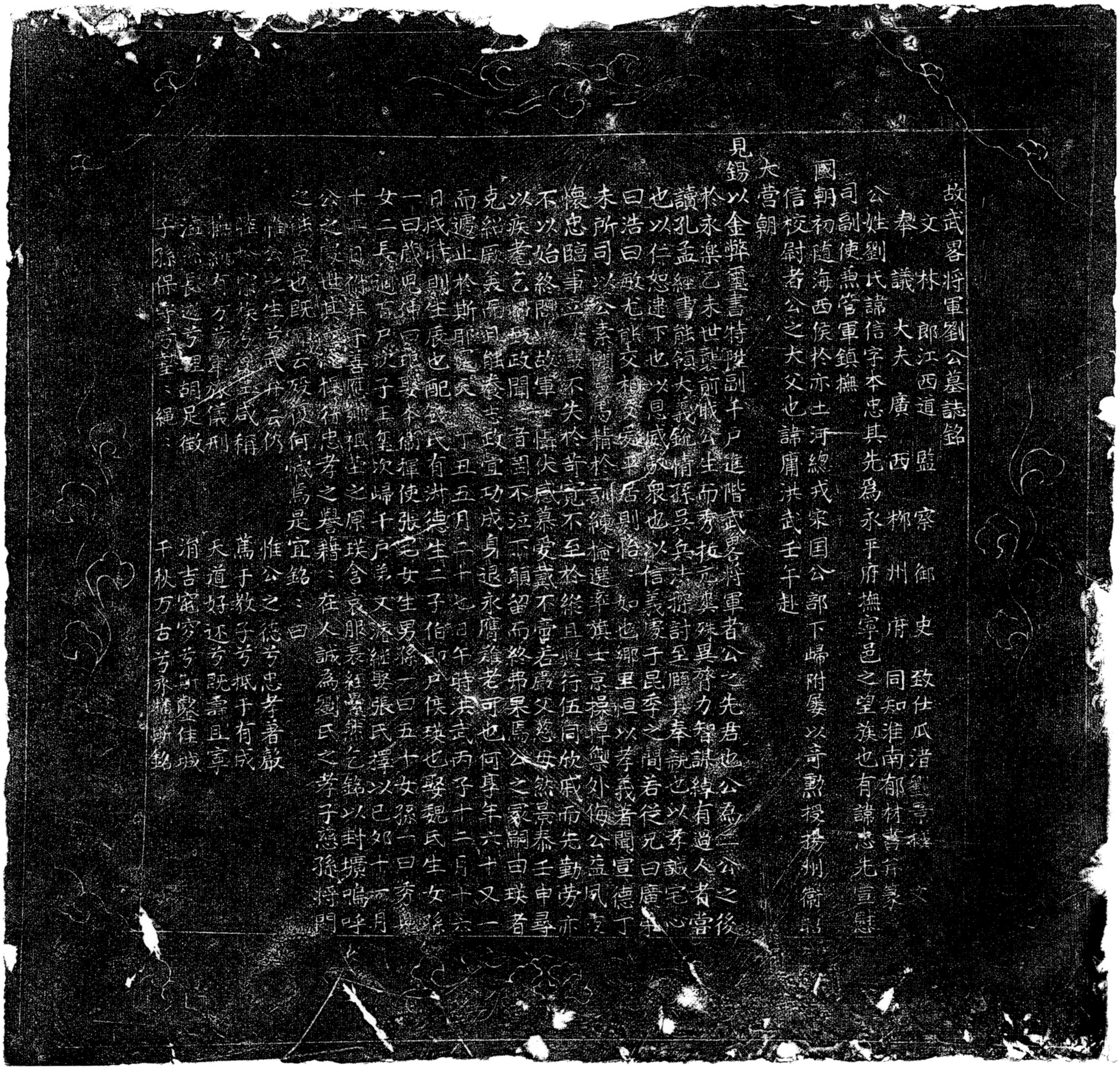
故武畧將軍劉公墓誌銘

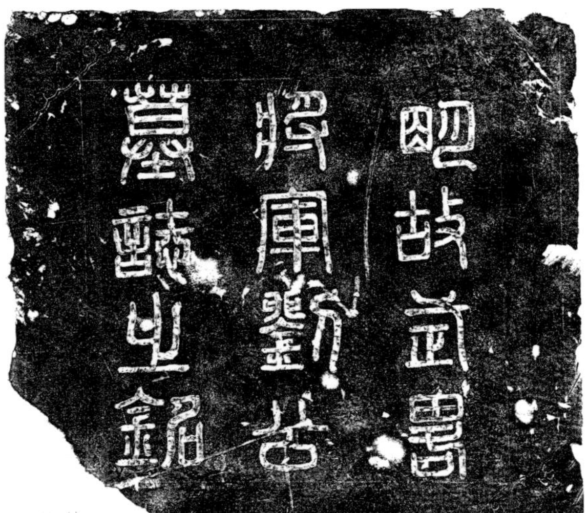
明故武畧
將軍劉公
墓誌之銘

一六

揚州城西北出土。一合，青石質。誌蓋方形，邊長五二釐米，厚八·四釐米，誌蓋左下角殘損，蓋面陰綫刻雙重方框，四角刻卷雲紋，篆書三行一二字。誌身方形，邊長五二~五二·五釐米，厚七·五釐米，四周飾卷雲紋及草葉紋，陰刻雙重框綫。誌文三〇行，滿行三〇字。

一七　明王母周氏孺人（淑澄）墓誌銘

成化十六年（一四八〇）十一月□日

【誌文】

……王母周氏孺人墓誌銘
［賜］進士奉議大夫山東提刑按察司僉事郡人高銓撰文」
［賜］進士奉政大夫南京户部江西司郎中同邑馬岱書丹」
［賜進］士奉議大夫江西提刑按察司僉事同里丘俊篆蓋」
［孺］人姓周氏，諱淑澄。父彦旻，隱德弗耀，母郁氏，夙成懿德，生孺人」於永樂丁亥。爲處子時，善能承養，甚爲父母所鍾愛，女紅之事，不」閑而能。及笄，
擇所宜歸，得王君鼎和。既歸，孝以事舅姑，和以□妯」娌，恩以御婢僕，藹然婦道修，聞於内外之間。王世業醫，鼎和多賴」内助，得以專精其術，濟利甚博。
景泰癸酉春，偶感篤疾，孺人侍湯」藥惟謹。尋卒，哀毁之餘，尤能用襄大事，一以文公家禮。唯免喪終」身，不事妝飾，伏臘敬於祀事。閨門之内，家政井然。
訓其孤子涇，讀」累世儒醫諸子書，克紹先業，儼然一女丈夫。涇失怙最少，善服慈」訓，卓能自立，醫道大行於鄉，遠近求治者如堵。孺人戒以恒德濟」人，毋
苟利圖，涇益自勉，道益大亨，人益尊信。由是家道日饒裕，孺」人得以安享萱堂。涇尤善養其志，識者皆以爲貞節之報。［不］幸乃」於成化庚子四月二十五
日以疾終于堂，距生年得壽七□□□。」子一，即涇，娶朱氏。女四，長適士人李淳，次適監察御史龔□，［次適］」揚州衛官舍吴濱，又次適士人姚震。孫一，
樂。卒之年十一月□日，」涇奉柩於馬鞍墩之原，竁鼎和之幽宫而合葬焉。竊恐孺人之貞」節懿行久而湮没，奉狀泣血請銘。余惟婦人之德不外見，觀其子」
之賢可知，使或外有嚴父兄，則其所成者不專於内教矣。若孺人」者，蚤失所天，内撫孤子，苟無所主，姑息哀矜之不暇顧，能教其德」之成耶？令則貞心，大節
篤行，内教於未□之餘，克成肖子，遠紹先」業於希闊之後。嗚呼賢哉，是可銘也。銘曰：」
其心孔貞，其守惟節。内訓遺孤，克紹前業。」儷美陶孟，孰得優劣。銘以昭之，永庇萬葉。」
京口裴潤鐫」

（朱超龍）

一七

二〇一五年邗江區萬科·金色夢想建築工地出土。僅存誌身，青石質。近方形，邊長五六·五～五七釐米，厚九·七釐米，周緣飾卷草紋。右側破損，但文字基本保存。誌文二七行，滿行二五字。

一八　明故鎮國將軍把總漕運都指揮僉事徐公（清）墓誌銘　成化十六年（一四八〇）十二月十六日

【誌蓋】

明故鎮國將軍把總漕運都指揮僉事徐公之墓

【誌文】

明故把總漕……」

賜……河南按察副使古雄高宗本撰文。」

賜進士……南京吏部郎中郡人馬岱書丹。」

賜進士出「身」……江西按察僉事邑人丘俊篆蓋。」

公諱清，字源潔，姓□□□□□□□□□□□。祖諱雄，父諱敏，母柴氏。元季擾□，雄以武」勇自奮，來歸附從軍……」。國朝洪武初，四方轉戰□□□□□□□官至□州右護衛指揮僉事。洪武辛巳□□□」戰陣亡。敏襲父職復□□□□□右衛指揮同知。宣德辛亥七月十有七日以疾卒。」公以嫡長承襲，時母大□□□□，公賴教養。初任官，即有□□□調直隸揚州衛指揮」同知。公與太淑人偕赴□□□□□公骸骨至揚州，初僦屋。以□衛事□掌不以□□□」以是上司悉加委任。嘗□□□□倭至海上，號令明肅，上下無科擾。連營士卒皆□□」堠，謹閱習，黠者靡所逞。□□□□□□隙惟□□之□□魚鹽以充食。又嘗□□□」操，每率先赴該營弓矢□□□□□□□□□□□部士卒亦□□□□，由是□□□」治，諸憲臣合辭薦秉□□□□□時長□□□用玉尚祀同□□□一以至□□□□□□」私衛之賢譽益以彰，□□□官大司馬河州王公詢□公□名敦□□□□□□□□□」總江淮之□衛以□□□□奉」命晋陞都指揮僉事，仍□□運。成化壬辰，以老倦于勤，懇乞休致，乃□别圃於郡城之西南」濠，栽蓮養魚，花卉竹木，□植左右，其中貯農圃之，其□古圖□，將以□優老之□。又□□」國用議同監察御史李□能，李公溥、户部員外郎馬宗實、饒州義官劉廷寬拜□□人□」古人耆英之意，而附之以真率，殺醴果蔬，各隨其家之所有，定設四几，務從簡便，□□□」，豐則從罰。且月以望日爲約，有事則前後那一日。方期永亨桑榆之樂，不意成化庚子□」月二十有五日亥時，公以疾卒於正寢。去其生永樂戊子九月初八日子時，春秋七十有」三。娶孟氏，隆慶右衛百户孟公女，封淑人。次娶陳氏。子男三人，曰英，娶姚氏，指揮姚公女。」繼譚氏，新寧伯譚公女。次吕氏。曰傑，早卒，娶陳氏，指揮陳景□女，守節。曰俊，娶劉氏，千户」劉英姪女。子女四人，惠祥、惠信、惠緣、惠聰。千户李昇、王鋕、杜昂、王輔，皆婿。孫男四人，□□」襲公指揮同知職，見赴京□，有才幹，娶顧氏，指揮顧文輔女。敬，娶趙氏，義官趙寧女。麒，□」

之子，娶蕭氏，指揮蕭克誠女。和，吕氏所出，未娶。孫女三人。善賢，適千户劉鉉。善清，適指揮」尚樌。其一幼，在室。英卜以公卒之後十二月十有六日辛酉，奉公柩厝於揚州郡城之西」大儀鄉蜀崗之祖塋。先期，□狀泣拜，請余銘。夫以公之爲人，一生務忠敬，敦信義，力孝弟，」攻書籍，練弓矢，而又廉勤以□官，□□以馭衆，故挺然自奮，致位都閫。至其急流勇退，始」終全名，又人之所不可及者。甚宜銘，銘曰：」

猗嗟徐公，武□□宗。奮身衛佐，都閫登庸。有守有爲，有執有容。」既老且勌，善始令終。峨峨崇墉，馬鬣就封。勒銘貞石，其後也隆。」

維揚傅佋鐫」

（孫晨）

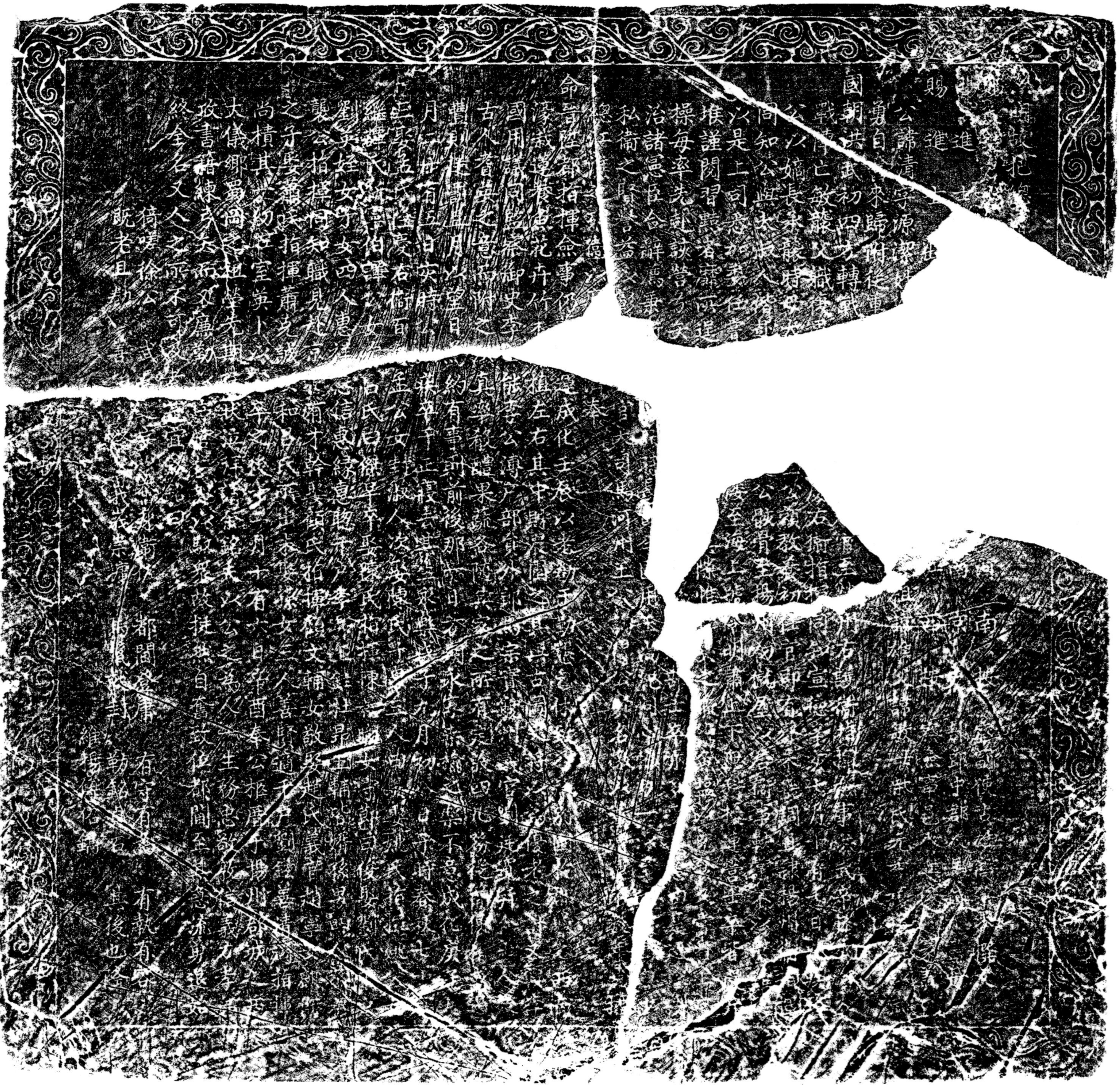

一八

二〇一三年邗江區新盛街道雙墩路出土。一合，青石質。誌蓋方形，邊長六〇～六一釐米，厚七·五釐米，四周飾纏枝卷草紋，篆書五行二〇字。誌身方形，邊長六〇釐米，厚八釐米，周飾纏枝卷草紋，殘爲數塊。誌文三四行，滿行三五字。

一九　明故鎮國將軍都指揮徐源潔（清）之配太淑人孟氏（妙音）墓誌銘

成化十八年（一四八二）十一月二日

【誌蓋】

明故鎮國將軍都指揮徐公之配太淑人孟氏之墓

【誌文】

明故鎮國將軍都指揮徐源潔之配太淑人孟氏墓誌銘」

賜進士中順大夫四川敘州府知府致仕姑蘇盛杲撰文」

賜進士中憲大夫河南按察司副使致仕古雄高宗本書丹」

賜進士奉訓大夫山東濟寧州知州邑人孫蕃篆蓋」

前鎮國將軍連率徐公源潔之配淑人卒，將葬，其子英致禮幣臮紩，徒跣稽」顙，告於予曰：惟我先人，克盡心以共厥官，賴母氏勤苦内助，以承厥家，□□」子孫，厎於今日，未能備一日之養。先人奄棄，而我母亦繼徂。生既無以養□，」歿也將何養焉。德不著於後，不孝罪奚逭。知先德者惟大人，先生幸賜□□，」以識于壙，則此心永不死，願垂憐之。言未既，嗚咽泣下，予亦爲之悽然□□。」按狀，淑人，孟其姓，妙音諱也，故隆慶右衛百户孟公之女，母○氏。鎮國官□」慶時娶之。克修婦道，承候尊姑，與夫盡敬盡孝，備甘腝輕煗以爲養，躬侍□」櫛以趣。公出視政，罔一日怠，暨遷官揚州，鮮兼助之力，秉心重造於家。公□」承事遠出，備禦海道，番直邊鄙，恒不家食。以母老是憂，每慰之曰：忠可移於」君，妾雖不能如君子之孝，朝夕之養，其敢怠乎？公知其誠，少内顧慮，得以□□」乃職，早著能譽，遂擢官總督江淮諸軍漕運。淑人則承事孝謹，行裝供具□」每豫給。子英既長，克綜理生計，闢田圃，躬耕耨，以養廉，後治别墅，爲公娱樂」歸老。公遂以母故，懇乞致仕，榮養幾十年。母卒，終喪盡禮，將偕以遂夙願，而」公先以逝。其治喪葬，皆淑人内主，服甫闋，遂告終，成化壬寅八月十二日也。」距所生永樂丙戌七月七日，壽七十又七。子男三，其所出，曰英，曰傑，先卒。曰」俊，陳氏出也。女四，李昇、王銈、杜昂、王輔其婿，皆千户。孫男四，嫡長曰恭，以父」微疾，弗願仕，兹襲官。次則曰敬，曰麒，曰和。孫女三，長適千户劉鉉，次適同衛」指揮使尚楨，又次適千户張衔。卜是年十一月丙申，於江都大儀鄉七里店」之先塋，啓鎮國之窆而同窆之。惟淑人一德以承事君子，不墜忠孝賢聞，訓」飭子女，嚴於家法，終則遂夫偕老之願，備享五福，榮受」皇朝褒封，所可嘉也。予爲之銘，亦非溢美。

銘曰：」

天賦淑人端壹性，忠孝相夫惇内行。禄及賢孫家日盛，」老終五福繇天應。玆藏龍劍雌雄並，斗牛夜夜清光映。」碑豊雙誥」子命，後人視之敢不敬。山明水秀玄堂静，」百世綿綿衍餘慶。」

（魏旭）

明故鎮國将軍都指揮徐源潔之配太淑人孟氏墓誌銘
賜進士中順大夫四川叙州府知府致仕姑蘇盛杲撰文
賜進士中憲大夫河南按察司副使致仕古雄高宗本書丹
賜進士奉訓大夫山東濟寧州知州邑人孫蕃篆蓋
前鎮國将軍連率徐公源潔之配淑人卒将葬其子英致禮幣奠紼徒[illegible]
顙告於予曰惟我先人克盡心以共厥官賴母氏勤苦内助以承厥家
子孫底于今日未能備一日之養先人奄棄而我母亦繼徂生既無以[illegible]
殁也将何養焉德不著于後不孝罪奚逭知先德者惟大人先生幸賜
以識于壙則此心永不死願垂憐之言未既嗚咽泣下予亦為之悽然
按狀淑人孟其姓妙音諱也故隆慶右衛百户孟公之女母氏鎮國[illegible]
慶時娶之克修婦道承候尊姑與夫盡敬盡孝備甘脕輕煖以為養躬[illegible]
櫛以翼公出視政閫一日怠暨遷官揚州鮮羔助之力秉心重造於家[illegible]
承事遠出備禦海道沓直邊鄙恒不家食以母老是憂每慰之曰忠可移[illegible]
君妾雖不能知君子之孝朝夕之養其敢怠乎公知其誠少内顧慮得以[illegible]
乃職早著能譽遂擢官總督江淮諸軍漕運淑人則承事孝謹行褒[illegible]
每豫給子英既長克綜理生計闢田圃躬耕耨以養廉後治別墅為公[illegible]
歸老公遂以母故懇乞致仕榮養幾十年母卒終喪盡禮将偕以遂夙[illegible]
公先以逝其治喪葬皆淑人内主服甫闋遂告終成化壬寅八月十二日[illegible]
距所生永樂丙戌七月七日壽七十又七子男三其所出曰英曰傑先卒[illegible]
後陳氏出也女四李昇王鉉杜昂王輔其婿皆千户孫男曰嫡長曰恭[illegible]
徽疾弗嗣仕茲襲官次則曰敬曰麒曰和孫女三長適千户劉鉉次適同[illegible]
指揮使尚積又次適千户張衍卜是年十一月丙申于江都大儀鄉七里[illegible]
之先塋啓鎮國之窆而同窆之惟淑人一德以承事君子不墜忠孝賢聞[illegible]
飭子女嚴於家法終則遂夫偕老之願備享五福榮受
皇朝褒封所可嘉也予為之銘亦非溢美銘曰
天賦淑人端壹性　忠孝相夫惇内行　祿及賢孫家日[illegible]
老終五福繇天應　茲藏龍劍雌雄並　斗牛夜夜清光映
碑豐雙誥
天子命　百世綿綿衍餘慶　後人視之敢不敬　山明水秀玄堂靜

明故鎮國
將軍都指
揮徐公之
配太淑人
孟氏之墓

一九

二〇一三年邗江區新盛街道雙墩路出土。一合，青石質。誌蓋方形，邊長五四・五釐米，厚七・七釐米，頂端風化，四周綫刻卷雲紋。誌身方形，邊長五四・五釐米，厚八釐米，保存較好，四周綫刻卷雲紋，僅下部磨損，部分字迹缺失。誌文三〇行，滿行二九字。誌主孟妙音，前誌徐清妻。

二〇　明張母□宜人墓誌銘　成化十七年（一四八一）十一月二十日

【誌文】

……墓誌銘」

□□□□□□□□其先順天府□□望族。□公仁貴之」□□□□□□貞淑，克閑姆訓，以孝事親，其父□遊」□□□□□□州判官，宜人隨□，既長，宜爲君子配，遂歸」□□□□□校尉張孝元氏，其人亦平陽曲沃縣之著」姓，□□□□□□之□□服子□禮無私□意不務乎」動□□□□□欣以輔□子□□紡□不以□居而逸」其□□□□□□以節儉□□□□□而遂失所天，哀毁」過□□□□□□二十餘年，由是懿行□□人皆稱之，宜」人生於□□□月□九日酉時，卒於己亥四月十六日戌」時。生子□□□□□襲父職，調揚州衛，後以□功陞本衛」武□□□□□□。次曰安，娶許氏，□□□□氏，皆克紹□」□□□□□□□次適陳氏，皆揚之大族。孫男四，長曰全，」娶湯氏，□□□□□次曰□、曰□、曰□，皆□□。孫女三，曾孫」男一，□□□□□□乎。宜人自□□起家□四十餘□勤勞」□□□□□婦式□□百年，以享禄養，不意遽□一疾而遂」弗□□□□□□十一月二十日將□□□子貴等持」善□□□□□□□□□□爲之銘。銘曰：」

□哉□□，生有淑□。□□□□，宜是家室。」□□□□，諸□是矜。□□□養，□□遐齡。」□何□□，□□□世。我□□□，貽於萬禩。」

……成化己亥仲冬□州……撰」

（朱超龍）

二〇

僅存誌身，磚質。方形，邊長三四·五釐米，厚五釐米，風化較甚。共二二行，滿行二三字。

二一　明故南京都察院都事戴公（璋）墓誌銘

弘治五年（一四九二）十二月二十四日

【誌蓋】

明故南京都察院都事戴公墓

【誌文】

明故南京都察院都事戴公墓誌銘」

賜進士出身奉議大夫考功郎中郡人儲巏撰文」

賜進士出身文林郎南京廣西道監察御史張璠書丹並篆蓋」

初予舉進士，在」京師謁公幕邸，披接間驩甚。及同官南京，數往還焉，冀可久」也。嗚呼，孰謂公遽厭世邪？其孤息以幣來請銘。予曰：若先人」以鄉宦故，與予爲友，予忍不銘？歸其幣而許之。蓋君以弘治」庚戌三月三十日卒，喪留江東者，凡再踰年。至壬子十二月」始歸，遂以月之二十四日，葬善應鄉石塔山之原。使來速銘，」時予方病起，未及從事文字，念業已許公矣，迺摭楊御史進」狀，强敘而銘之。敘曰：公諱璋，字宗禮，號節庵。先世雲南人，後」徙揚之江都。祖諱寶，妣羅氏，考中，妣李氏。公少而性敏，善記」誦，中府君愛之，遣之學，弱冠充郡學弟子員。景泰癸酉，試應」天府取解，既而屢試禮部不利，卒業太學者久之。成化元年，」選知漢川縣事，無何，以中府君憂歸，服除，改衢之江山。公精」勤爲政，檢田而稅，覈户而徭，新學宫，闢傳舍，禦盜，防饑，凡十」数事皆有成效。秩滿，縣人重其去，刻石誦之。吏部最其治行，」迺陞南京都察院都事。公奉職滋謹，蹟譽益章。三年，以稱職」聞，敕封文林郎，妻張氏爲孺人，考妣贈如厥封。人方爲公榮，而」公尋以疾不起矣，春秋六十有二。子男二，憲，娶張氏；星，娶李」氏。孫男二，儒卿、儒相。予觀公言貌温然，被服儒雅，若不可以」簿領煩者。及考其縣政，周到可紀，人蓋難以貌定也。使稍假」之年，將慊所施也已。悲夫！銘曰：」

出宰於邑，有偉厥稱。服官而内，將究其能。」胡才之淑，年弗以承。我銘其墓，來者是徵。」

（魏旭）

二一

揚州城西出土。一合，青石質。誌蓋方形，高五三釐米，寬五六・三釐米，厚七・五釐米，破裂爲兩塊，蓋面篆書四行一二字。誌身方形，邊長五五釐米，厚七・五釐米，表面輕微風化，字迹清晰。誌文楷書，共二五行，滿行二三字，計五二一字。

一二一　明承事郎樂天安君伯恭（敬）墓誌銘

弘治十二年（一四九九）十一月二十□日

【誌蓋】

有明故承事郎樂天安公之墓

【誌文】

明承事郎安君伯恭墓誌銘」

［賜］進士出身中順大夫太僕寺少卿海陵儲巏撰文」

［賜］進士出身南京户部江西司郎中白沙黄瓚書丹」

［賜］進士出身南京户部陝西司郎中通川邵棠篆蓋」

□安姓，諱敬，字伯恭，萬全都司宣府前衛人。君兄弟凡三人，伯氏、伯弘」□積著以貲助邊，請鹽數十萬，始挾君來淮揚。成化己丑，載鹽若干艘，」□荊蜀抵雲貴諸藩貿易，事未既，弘遣君先歸。君至揚，念嫂范氏留宣」□□遣兄子玉往迎之。凡十年，弘始歸自貴。君喜且泣曰：吾兄老，乃尚」□貿邪。居八年，弘有疾，君營醫藥甚至，比卒，厚斂之，卜地蜀岡以葬。玉」□幼也，君遣游都司學，長，娶尹氏。尹，故駙馬都尉家也，族大而貴，君捐」□十萬爲納其女。成化丁酉，君應募入粟，拜承事郎，玉俱焉。久之，玉病」□，君生死之視其父。迨卧病，猶擇宜婚嫁者處其孤，曰：凡以報吾兄也。」□其子金善撫之。世恒謂賈人乾没於利，君友悌之行，士或不及也。豈」□［于］富，好行其德者，抑非邪。君謹厚，遇人小心，無貴賤。得喪寵辱，猝加」□不動，曰天也。享年七十有二，卒於弘治己未冬孟辛卯，遡其生，宣德」［三］年正月廿有三日也。配李氏，千户克成之女，生子金。繼配施氏。金少」□玉同學，今薦于鄉。君曾祖諱芳，祖賜，考貴，妣陸氏、安氏。其先太原陽」□人，宣德末調貴戍宣府，因家焉。自君兄弟旅游於揚，今又爲揚之江」［都］人。揚，江淮都會也，擅鹽海之富，承平久，四方商賈，比屋以居，至老去」□鄉，遂土著矣。君壯時，歲一至宣府省墳墓，素蓋篤義者。疾革，顧金以」□身爲戒。且曰：禮，士庶人踰月而葬，我即死，無久殯。金遂以仲月廿有」□日奉葬伯弘兆之穆。使來以前進士方希誠狀請銘，予未識君，然雅」□金，不可使其親無聞也。敘既，迺爲銘。銘曰：」

緊君之先晋陽里，以戍留邊家再徙。君之孺長伯氏倚，」友于之行賈莫比。迄其初終一無毁，篤生而胤才且美。」版儒策名開厥祉，我銘幽室徵諸此，維揚有安自今始。」

□在善應鄉萬松庵之右，乾山巽向兼丁亥辛巳分龍，迺伯恭始造。

廣陵傅佋鐫」

（姚施華）

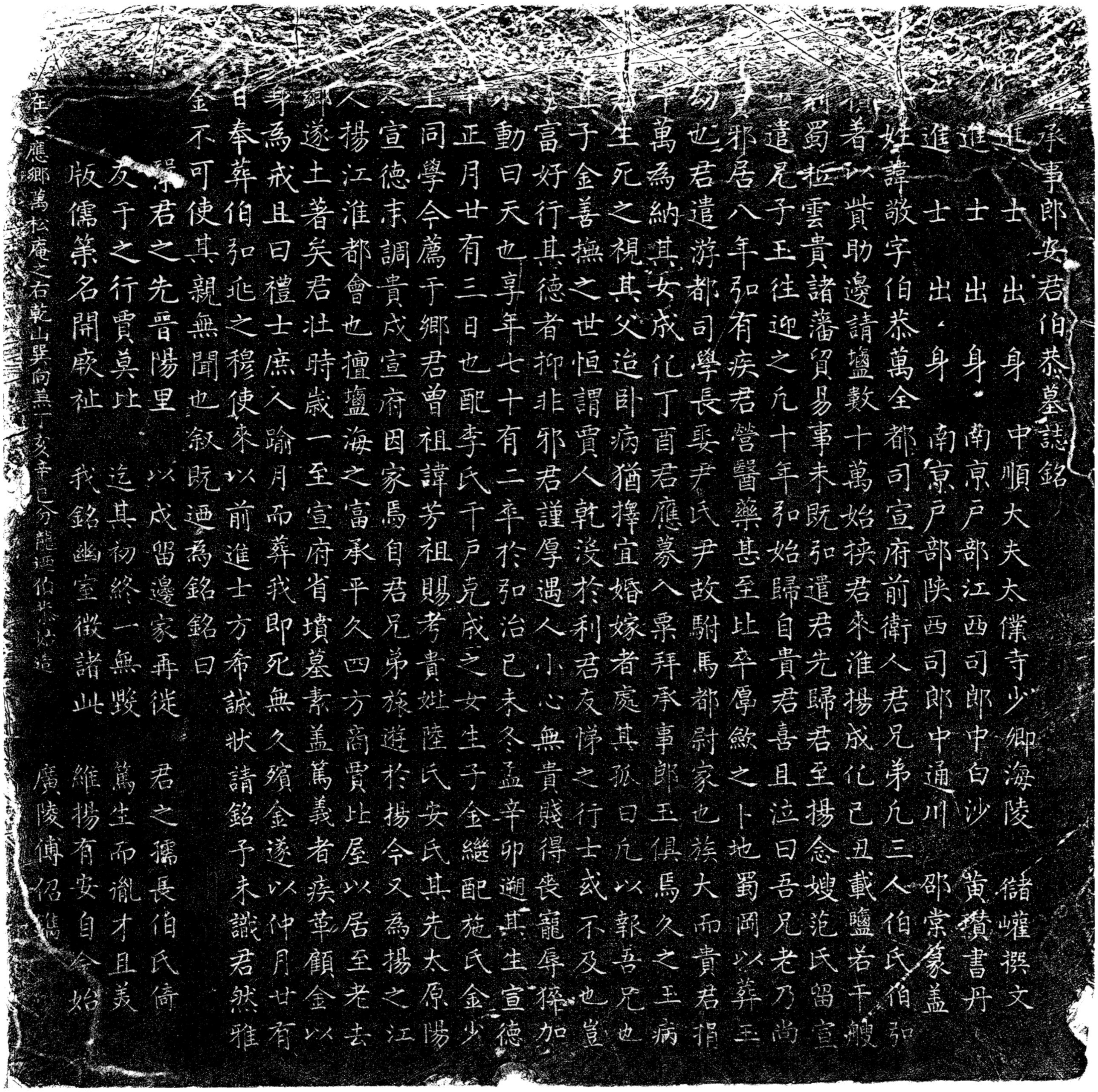

二三

揚州城西出土。砂石質，一合。誌蓋方形，邊長六二釐米，厚一〇釐米，蓋面篆書三行九字。誌身方形，邊長六一～六二釐米，厚一一・六釐米。誌文二七行，滿行二七字。

二三　明故樂善安處士（伯弘）配范氏（蓮）墓誌銘　正德十二年（一五一七）三月九日

【誌蓋】

明故樂善安處士配范氏之墓

【誌文】

明故樂善安處士配范氏墓誌銘」

□紫□大夫太子太□户部尚書……」

賜進士……大夫……」

賜進士□議大夫兵部左侍郎……」

□城北□吾族必曰□□□□□□□□□□□人也。其家□□□□□□□□□□□□」伯弘□范氏初□□□□□□□□仲氏伯恭與處士同居，友□□□□□□□□□□」□□□□□□□□□□□□□無間言，范亦與伯恭妻李孺人相□□□兄□□□□」共食□□□□□□□□閑處睦然，處士兄弟所交，固鉅人長者，其締姻連□□□胄從子」金，人□□□之侍，于是門户光顯矣。意者和氣之感召如是耶？處士與伯恭夫婦相繼卒□」范□□正德七年壬申十一月初六日亦卒。訃至京，金爲位，哭奠如儀，已復買石，請予銘以葬。」□□女德不外見，辭。給事曰：金不幸早失恃，我伯母憐而子之，以長以教，劬勞孔多，罔極之恩，」□吾母也。夫伯母以子視金，而金不克喪之如母，又不克請銘太史以圖不朽，其何以蓋我不」□之愆乎？矧伯母女德完備，我安氏自遐方遷幾輔郡，克和有家，惟吾伯母之助。金等今日享」□福祉，亦維我伯母之慶，尤不可使泯泯無聞，敢固以請。嗚呼！關雎響絶，彤管不書，女德也，以」□造端正始之地，万家隆替之原，君子慎之。觀給事所稱，則知安氏之所以有聞于揚者，不□」處士兄弟肯構之功，范固有内助焉。吾□□銘。范諱蓮，宣府宦族女，其父千户君，敦尚詩禮，□」□常武人異。范生而温良内秀，精女紅□□孝順事父母，惟恐意拂。父母鍾愛之。擇婿得□□，」□委禽焉。比歸，家人宜之。其事舅如事其父，而事姑也如事其母。及舅姑没，殯葬事無所不用」□，宗姻以是尤稱之。處士嘗□邊徼，閲十餘年不歸。范遣其子玉游學宫，捐資爲束脩費，課督」甚嚴，惟恐納於邪人，不知其父之遠出也。玉雖不克卒業以死，竟稱善士。既而給事補江都□」學生，其所以玉成之者，視玉不殊。玉遺孤惟忠一人，嘗指以囑給事曰：汝家宗祧所寄，惟爾一」人，爾其念之。忠感激奉訓，惟謹至今。□事給事，服勞不懈，業用以大，給事比嘗□□□服既□」□范春秋高，不忍遠。范屢促之曰：吾身後，其汝既預處周悉，雖吾□在，何以加焉。顧吾老矣，汝」□□□出受一官，竭忠以報」□□，幸吾得身親見之，即死，可以報爾伯暨既爾父母于地下，毋切切以離憂爲也。給事至京，□□□」□□凡有建白，多切軍國機要，又屢劾邊帥之不職者褫其官，聲稱藉藉。范之識□，是亦□謂」有□于人矣。距其生宣德四年己酉四月二十三日，壽八十有四。玉之妻尹氏，早寡而守節，不」□□□□良醫備之女，亦知以勤儉主饋者。孫女二人，長嫁胡銘，幼嫁典膳沈□□□□□□」□□十二年丁丑三月甲辰初九日祔葬處士墓，墓在城西善應鄉。銘曰：」□□而婦，既順且別。壎篪之好，媿彼長舌。□母而母，□□而□。」□□□□，有聞日馳。人曰秀眉，娟娟不虧。亦曰皎月，□□□□。」□□考□，□□□□。嗚呼閨範，其庶在兹。……」

（薛炳宏）

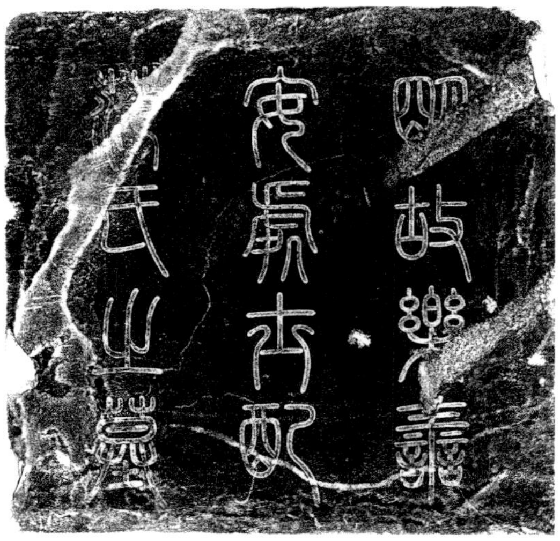

二三

揚州城西出土。一合，大理石質。誌蓋方形，邊長五六釐米，厚八釐米，篆書三行一二字。誌身方形，邊長五七釐米，厚九釐米，風化較嚴重，部分字迹不清。誌文三一行，滿行三六字。誌主范蓮，安伯弘妻，伯弘即前誌安伯恭（敬）兄。

二一四　明故處士琴村陳公（泉）墓誌銘

嘉靖二十一年（一五四二）正月三日

【誌蓋】

明故處士琴村陳公墓

【誌文】

明故陳處士墓誌銘」

賜進士及第嘉議大夫南京禮部右侍郎前太常卿國子祭酒翰林侍讀」經筵國史官同郡崔桐撰」

維揚江都有陳處士，名泉，字明遠，別號琴村。少喜讀書，[有]大志，過目經史，」能通大義。既以幹蠱奪其業，每憤憤曰：吾先世閩中福清右族，吾祖永[泰]，」父克和，以元末徙揚，皆汩没無以自見。吾今無似又不能有所□立，忠君」顯親，心實恥之。顧孝友禮義，夫人所得爲者，□可以墮棄名教耶？居□奉」其父洎母朱氏甚謹。父卒，喪祭悉如禮。事其□兄□□□□昇仲[昴]季杲，」至老敬不衰，愛其弟冕，甚有恩。初兄弟求異□，處士皆伯兄□□以道義」必不可，始從之。處士計伯兄之將出仕也，迺卜居郡學之傍，奉其母色養，」幾三十年。母卒，葬祭皆出諸己，不以煩昆□。處子姓□族，周恤備至。貧不」能葬者，給以棺，長不婚娶者，贈以財，鄉人義之，每歎賞曰：賢士，賢士。嘉靖」初，有司奉」恩詔，榮以冠帶，養以米肉絮帛。庚子二月十有三日，以疾卒。生於成化辛卯」十月十有八日，得年七十。處士治家勤約，不事□□□□，賓客相與燕樂，」款曲必罄其□。鄉人有逋貸，多置之不問。是以卒之日，親朋咸哀之。配張」氏，有婦道，先處士卒。繼室□氏。處士有子男一人，曰栱，篤學勵行，卒業成」均。女二人，長女慕潔，適楊□尹華之子澐，洎栱俱張氏出。次女慕蘭，適關」橋，側室何氏出。孫四人，長素學，郡庠生，早卒。次素蘊，聘葉氏。素履，聘金氏。」素位，尚幼。孫女一，時聘徐橋。栱之室，洎余室同出御史李周□□之裔，謂」余稔知處士之賢也，栱□壬寅正月三日葬馬鞍墩新塋，來徵銘。銘曰：」

繄處士之進止，庸□□也；惟脩藏之萃美，宅其是也；彼將實之金紫，有識」鄙也；□與達□之」恩移，無□□也；留多裕於後祀，謂有子也；惟貞珉之載旨，」猶夫史也。」

郡人柏亭章遐齡書篆

吳郡□□刻。」

（吴一丹）

二四

二〇一五年邗江區西湖鎮萬科金色夢想出土，花崗岩。誌蓋方形，邊長六六釐米，厚一二釐米，殘缺一角，邊緣略有缺損，蓋面風化較爲嚴重，篆書三行九字。誌身邊長六五·五釐米，厚一一釐米，誌文二四行，滿行二八字。

二五　明故陳母張孺人（淑清）墓誌銘

嘉靖二年（一五二三）十二月十八日

【誌蓋】

大明故陳母張氏孺人之墓

【誌文】

陳母張孺人墓誌銘」

鄉進士登仕郎直隸揚州府儒學教授盱江彭錬撰文并書丹篆蓋」

郡庠陳生栱衰杖拜畢，出厥母張氏孺人行狀，泣曰：吾母卒，癸未臘」月十八日葬馬鞍之墩，葬宜銘，敢請。予謂銘近諛，靳之。及發狀，弗能」靳也。孺人諱淑清，朴庵張先生女也。張先世揚州衛指揮，後補永寧」衛，而朴庵猶居揚，配黄氏，相與齊整家法以激厲婦道。孺人濡染者，」罔非乃麗養成天性，與居意向以矩度，雖言笑亦不妄，朴庵屬念之，」慎選厥儀，得甲族陳君杲也。杲，克和公之子，永泰公之孫，孺人歸之。」内外咸自慶曰：是婦昌吾室。先以事舅姑爲已德，廟見後，即任薪水，」寒暑弗辭。舅没，喪具斂事一出其力。自是伯仲異居，請姑獨養。朴庵」既終，兄德卿以長繼永寧，黄氏弗行，迎養無間於姑。事陳君，自同牢」徂，老無厲聲，有如賓氣象。治内以次力之，不妄費，釀畜成豊，至衡磷」量刓，事罔或失。以是陳君歲出，無内顧憂。達事理，陳君有謀焉，則就」之，罔弗允宜。其事有依違之際，俾籌之，行若蓍蔡然。栱既長，曰：何使」書香無繼耶，遂令就學，調度多律，作於栱先，息於栱後，始終不渝。栱」補郡庠弟子員，名日嶄嶄出諸儕類中，足以樹科第者，孺人功也。恤」婢僕之饑寒疾苦，使樂爲用。子姓不足推，其餘弗較。諸妯群娌容或」忿語之傷，輒自受之不報，而於飲食禮節，尤盡乃意。積歲久，彼亦帖」帖抑首而翕如。是以内外大小，德之式之不已。一日疾篤，栱齋沐告」天求代，竟弗遂，以逝。時正德十四年八月三十日也，生成化十四年」十月十六日，享年四十有二。栱其子，娶李氏，御史公溥之嫡孫。慕貞，」其長女，適趙椿。慕潔，其仲女，慕蘭，其庶女，具幼。箴，其孫。孺人素行，皆」朴庵教令中來，舅姑孝焉，夫子敬焉，卑幼慈焉，當食陳廟世世矣，視」艷者煽處頓殊，可銘也。銘曰：」

有遺自舅，殫力左右。有遺自父，甘裘眷佑。户門百需，幹蠱弗疚。」志以胤繼，大啓爾後。仰瞻樛木，相爲步驟。銘言孔彰，永世是茂。」

姑蘇潘貴鐫」

（劉松林）

陳母張孺人墓誌銘
鄉進士登仕郎直隸揚州府儒學教授邗江彭鍊撰文并書并篆蓋
郡庠陳生栱衰杖拜畢出厥母張氏孺人行狀泣曰吾母卒癸未臘
月十八日葬馬鞍之墩葬宜銘敢請予謂銘近諛靳之及發狀弗能
靳也孺人諱淑清朴菴張先生女也張先世揚州衛指揮後補京孛
衛而朴菴猶居揚配黃氏相與齊整家法以激屬婦道孺人濡染者
閫非乃麗眷成天性與君意向以矩度雖言笑亦不妄朴菴屬念之
慎選厥儀得甲族陳君杲也杲克和公之子永泰公之孫孺人歸之
內外咸自慶曰是婦昌吾室先以事舅姑爲己德廟見後即任薪水
寒暑弗辭舅沒喪具斂事一出其力自是伯仲異居請姑獨養朴菴
既終兄德卿以長繼承嫡黃氏弗行迎養無間於姑事陳君自同牢
祖老無屬聲有如賓氣象洽內以次力之不妄費釀畜成豐至衙磚
量利事罔或失以是陳君歲出無內顧憂達事理陳君有謀焉則就
之罔弗允宜其事有依違之際俾籌之行若蓍蔡然栱既長曰何使
書香無繼耶遂令就學調度多律作於栱先息於栱後始終不渝栱
補郡庠弟子員名日嶄嶄出諸儕類中足以樹科第者孺人功也恒
婢僕之飢寒疾苦使樂爲用于姓不足推其餘弗較諸妯群娌容或
忿語之傷輙自受之不報而於飲食禮節尤盡乃意積歲久彼亦帖
帖抑首而翕如是以內外大小德之式之不已一日疾篤栱籲天告
天求代竟弗遂以逝時正德十四年癸月三十日也生成化十四年
十月十六日享年四十有二栱其子娶李氏御史公溥之嫡孫□□
其長女適趙椿慕潔其仲女慕蘭其庶女具幼蔵其孫孺人素行皆
朴菴教令中來舅姑孝焉夫子敬焉卑幼慈焉嘗食陳廟世世矣視
艷者孀歔頻殊可銘也銘曰
有遺自舅殫力左右有遺自父井裘春佐房門百需幹蠱弗疚
志以飛繼大啓爾後仰瞻樛木相爲步驟銘言孔彰永世是茂
姑蘇潘貴鐫

二五

二〇一五年邗江區西湖鎮萬科金色夢想建設工地出土。一合，砂石質。誌蓋方形，邊長五四釐米，厚一三·八釐米，蓋面字迹較清晰，篆書四行一一字。誌身局部風化，邊長五四釐米，厚一四釐米。誌文二七行，滿行二六字。誌主張淑清，前誌陳杲妻。

大明故陳母張氏孺人之墓

二六　明夏母陳孺人（淑德）墓誌銘

弘治元年（一四八八）三月二十七日

【誌蓋】

明故孺人陳氏墓誌銘

【誌文】

明故孺人陳氏墓誌銘

敕封徵仕郎中書舍人京口丁元吉撰文」

賜進士承德郎户部主事金沙孫杲書丹」

賜進士第户部郎中江表趙祥篆蓋」

夏母陳孺人以疾殁于家，其冢子鋐領父命，持狀涉大江過京」口造余館，泣拜請銘幽堂之石，爲不朽圖。按狀：孺人姓陳，字淑」德，揚之江都瓜洲人，世爲邑之舊族。曾大父彦盈，大父小乙，父」均實，俱負志弗出。妣張氏，亦有婦則，且識度過人，故孺人之生」性行不凡，多其教也。嘗讀女孝經傳，父母最鍾愛。及笄，孺人懿」質善女紅，其父爲擇配，以歸同邑士人陳君廷錦。入門，奉舅姑」以禮，惇惇雅飾，舅姑性嚴勵，諸子婦稍弗如意輒訶斥之，惟母」得其歡心焉。事其夫尤謹，閫内雖纖毫務，亦不敢自專，必咨允」而後行。其祀先饗客，必親治具，務精潔，苟以故不與，則悒悒數」日不釋。教子每以勿辱家世爲言，至于待族屬，遇僮僕，各極恩」義。嗚呼！孺人無□禀之妬忌，無葩藻之紛華，而律心分義自明。」垂殁，復能不動其心，可謂死生之道不愧也。夫孺人正宜享天」年，遘疾弗起，嗚呼痛哉！上距生永樂甲辰十二月二十七日，享」年五十八歲，卒以成化壬寅十二月初八日。卜弘治紀元三月」二十七日，葬河東鄉曹家庄之新阡。生子男三人，長曰鋐，娶朱」氏。次曰欽，娶蔡氏。次曰銓，聘尤氏。女一人，妙正，適同邑士人。孫」男二人，長曰林，次曰森。孫女一，尚幼。孺人生安死順，無愧于兩」間，雖瞑目九京而無憾矣。銘曰：」

大風蕭颯雲蒼莽，長夜幽宫妥靈爽。彼美行兮璧無瑕，斲石」爲銘辭非夸。石可爛兮辭可泯，母名自同百世盡。」

（吴一升）

二六

揚州城東出土。青石質，一合。誌蓋方形，邊長五二釐米，厚九・五釐米，殘缺一角，邊緣有輕微殘損，蓋面有輕微風化，蓋面篆書三行九字，字迹清晰。誌身邊長五二釐米，厚九・五釐米，表面輕微風化。誌文二三行，滿行二四字。

二七　明故松庵處士方公思道（貫）墓誌銘　弘治四年（一四九一）十二月十八日

【誌蓋】

明故松庵處士方公思道之墓

【誌文】

明故松庵方先生墓誌銘」

賜進士第奉政大夫脩正庶尹致雲南按察司僉事政逸老丘俊撰文」

賜進士第中憲大夫贊治尹浙江提刑按察使司副使邑人高銓書篆」

嗚呼！大壤不食，有堂若封，此吾揚松庵方先生之墓也。先生以是歲辛」亥冬仲月八日偶劇疾而逝，厥孤鉞以不及領治命，投七劑爲痛恨，幾」不可生。迺訊諸龜，而得季冬十有八日襄葬事。以予與先生素雅，索銘」予。烏乎！辭按庠友葉大林狀：先生諱貫，字思道，其曰松庵，迺其別號也。」先生祖仲玉，教授鄉閭，綽有令聞。父百里，以詩文書繪見重當時士大」夫。母王氏，生先生于正統丁巳季冬十七日，行三，生而襟天灑落，不爲」塵鞅所攖。然賦質明敏，于書無不讀。少有志用世，奪於父，弗果。比長，有」事山湖間，以詩酒爲樂，有龜蒙致和風。間與契分投者，飲則發詠拊弦，」徜徉竟日罔倦，而人亦樂與之親。先生練達世故，凡郡邑大夫衛司武」帥，遇疑滯事，必進先生與籌，悉中矩度。繇是名益彰，識與不識胥知有」方松庵也。厥兄贇，以戍老歸，先生事之，曲盡誠款，生有子女，先生咸俾」得所孤。鉞器識英偉，先生豫卜其諒非樊中物也，迺遣游邑庠，以階顯」融。嘗進之膝下，諭曰：吾家積德百餘年，伏之久者，發必轟也，吾其有望」於汝乎，鉞受命惟謹。五十有五，亦其壽也。配周氏，有內德。生子男一，即」鉞，聘鎦氏。側室張氏，生女一。嗟哉！先生之存也，德望重于士林，信義孚」于鄉曲，孝友敦于家庭。及其卒也，迺有奇磊之英物，以亢厥宗，以光祚」業。先生雖未獲身際」朝家之褒典，其慶澤蓋未斬也，是宜有銘，以告幽壤。銘曰：

遥遥華胄，詩禮」之舊。身逸而高，子明而秀。茫茫九京，慶衍深厚。玆銘與俱，萬年奚朽。」

（薛炳宏）

明故松菴方先生墓誌銘
賜進士第奉政大夫脩正庶尹致雲南按察司僉事致　逸老丘俊譔文
賜進士第中憲大夫贊治尹浙江提刑按察使司副使　邑人高銓書篆
嗚呼大壞不食有堂若封此吾揚松菴方先生之墓也先生以是歲辛
亥冬仲月八日偶劇疾而逝厥孤鉞以不及領治命投匕劇為痛恨幾
不可生迺訊諸匏而得季冬十有八日襄葬事以予與先生素雅索銘
予烏乎辭按庠友葉大林狀先生諱貫字思道其曰松菴迺其別號也
先生祖仲玉教授鄉閭緯有令聞父百里以詩文書繪見重當時士大
夫母王氏生先生于正統丁巳季冬十七日行三生而襟天灑落不為
塵鞅所攖然賦質明敏于書無不讀少有志用世豫於父弗果比長有
事山湖間以詩酒為樂有匏蒙致和風間與契分投者飲則發謌拊絃
倘徉竟日罔倦而人亦樂與之親先生練達世故凡郡邑大夫衛司武
帥遇疑滯事必進先生與籌慮中矩度繇是名益彰識與不識胥知有
方松菴也厥兄贇以戍老歸先生事之曲盡誠款生有子女先生咸俾
浮所孤鉞器識英偉先生豫卜其諒非樊中物也迺遣游邑庠以階顯
融嘗進之膝下諭曰吾家積德百餘年伏之久者發必轟也吾其有望
於汝乎鉞受命惟謹五十有五亦其壽也配周氏有內德生子男一即
鉞聘鎦氏側室張氏生女一嗟哉先生之存也德望重于士林信義孚
于鄉曲孝友敦于家庭及其卒也迺有奇嚳之英物以充厥宗以光祚
業先生雖未獲身際
朝家之寵典其慶澤蓋未斬也是宜有銘以告幽壤銘曰遙遙華胄詩禮
之鶱身逸而高于明而秀范范九京慶衍深湻茲銘與俱萬年奚朽

明故松菴處士方公思道之墓

二七

一合，青石質。誌蓋方形，邊長五五釐米，厚九釐米，周飾雲紋，蓋面篆書四行一二字。誌身方形，邊長五五釐米，厚九釐米，周飾雲紋。誌文二二行，滿行二七字。

一八　明故處士王公文静墓誌銘

弘治十二年（一四九九）六月

【誌蓋】

明故處士王公文静墓

【誌文】

［明］［故］處士王公墓誌銘」

［賜］進士出身南京工部右侍郎高銓撰文」

［賜］進士出身北京户科給事中夏易書丹」

［賜］進士出身北京户部主事趙鶴篆額」

□□□字文静，姓王氏，世爲江都人。曾大父、大父、考皆隱德弗耀，守」□務本，以致蓄裕。公之爲人，以孝謹自持，若嚴父哲師之臨其傍也；」□□能自檢束，若法家拂士之議其後也。發言主於謙厚，若恐其有」□□□；制行歸於平實，若恐其涉矯亢也。嘗曰：人生天地間，公私無」□□□，自娱於一丘一壑足矣，寵榮權利，非吾願也。子逵，游郡庠，蚤」□□□曰：吾家世清白，族屬蕃衍，吾不能力學以振先緒，其責實在」□，□其勿懈，務期掇科取仕，顯揚宗祖，以遂吾願。迄今成立，教誨之」□□□號默庵居士。弘治戊午秋，忽嬰微疾，起處飲食無異平時。至」□□□雖微而神不亂，乃呼二子曰：吾弗起矣，汝兄弟善處之。毋隨」□□□，毋厚葬。言畢而逝，時八月二十三日也。生於正統己未七月」十四日，享年六十。娶謝氏，生女净貞，適儀真士人朱瑢。繼娶顧氏，子」［二人］，長即逵，郡庠生，有聲譽，登庸有待，娶史氏。次迪，聘鄭氏。女二，長」□□□揚州衛百户侯應襲施經。次潔貞，聘士族張倫逵。以卒之明」年六月，葬公于郡城之西蜀岡之陽。衰絰泣拜於予，請銘其墓。嗚呼！」□□□人之福有五，人鮮能兼也。今處士年躋下壽，不爲夭；有田宅」□□衣食，不爲貧；守己而不惡於人，不爲無德；有子讀書克振家聲，」不爲不幸，夫何憾！乃爲之銘曰：」

□哉吉人，哀然之行。吉人伊誰，王氏文静。累世積善，」□□於家。既富而安，不驕不奢。有子讀書，瑰瑋克肖。」□身揚名。天錫其報。林泉之下，野服蕭然。康寧好德，」□□其天。古謂五福，身集有之。伊人之生，天實厚之。」蜀岡之原，卜云其吉。厥子厝之，蘭玉藏室。流水溆溆，」□□蕭蕭。刻銘貞石，千載孔昭。

古吴陵丁澄鐫」

（王小迎）

二八

二〇一一年蜀岡怡庭二期采集。一合，石灰岩。誌蓋方形，邊長五五・五釐米，厚九釐米，篆書三行九字。誌身邊長五五・五～五六釐米，厚九釐米。誌文楷書，共二七行，滿行二六字，計五九七字。

二九　明故維揚壽官清樂居士張公（福）墓誌銘

弘治十七年（一五〇四）十二月十六日

【誌蓋】

明故維揚壽官清樂張公之墓

【誌文】

□□維揚壽官清樂居士張公墓誌銘」

賜進士出身資德大夫正治上卿南京工部尚書致仕」

誥進榮祿大夫誥進光祿大夫柱國前兩京都御史淳安胡拱辰撰」

賜進士出身中順大夫太僕寺少卿前吏部考功司郎中泰陵儲巏書丹」

賜進士出身嘉議大夫南京工部右侍郎前右副都御史同邑高銓撰蓋」

大明弘治甲子春，朝士有自京師歸淳安者，予訪之，曰：北來道維揚必進」謁張永平尊甫清樂翁矣，今歲躋七袠，視昔爽健何如？客憮然曰：已作古」人。舉座無不泣下者。居無何，永平君使人以訃音至，及其婭友員外郎左」君唐所爲狀，道公治命，屬予以銘。按狀，公諱福，字以善，別號清樂。高祖以」上，世爲四明望族。伯祖諱得中，官刑部主事。祖連八，占籍于揚。考諱覺才，」妣周氏。公生宣德九年六月二十三日，才氣夙成，儀狀碩偉，史載故事，輒」解大義。厥考高年，性仁，其族食指繁甚，公恪勤幹蠱，嘗商於江湖間，家業」遂盛。娶玉困居士壽官方公女。生子曰憲，娶御史中丞裔廖公邦彦女。生」孫曰麟，風骨尤奇，貴人以占，公後之必大也。公家教甚嚴，憲以壁經，中南」京壬子科鄉進士，式禮部會試乙榜，領浙江淳安教奉。公與方孺人祿養」于任，大振鐸聲，當道賞識，奏績陞直隸永平府推官，階文林郎，雪冤枉，懲」骫猾，著廉明聲。太守張公禎協謀於衆，以公齒德，援例贈壽官牒，馳价歸」報。公忽攖疾，以癸亥年八月二十六日終于正寢，饗壽七十年。次子寵，蚤」卒。次宥，娶周氏。次寀，娶孫氏。女三，長適尹榮，次適尚書李公子主簿珏，次」卒。孫女二，長聘高郵夏同府瓛孫鄉進士曆子守循。憲謹相新塋於善應」鄉，以今年十二月十六日奉公柩葬。嗚呼！公生平厚德尚義，樂善之實，固」足傳世。矧有令子懿孫，張氏積慶，公之餘澤，將來未艾。爵位之崇、」褒嘉之典，又理之必然者。謹銘曰：

清河之系，世德之會。有開克承，」黃堂科第。既壽高明，亦樂且清。允矣大老，藹然令聲。」

（孫晨）

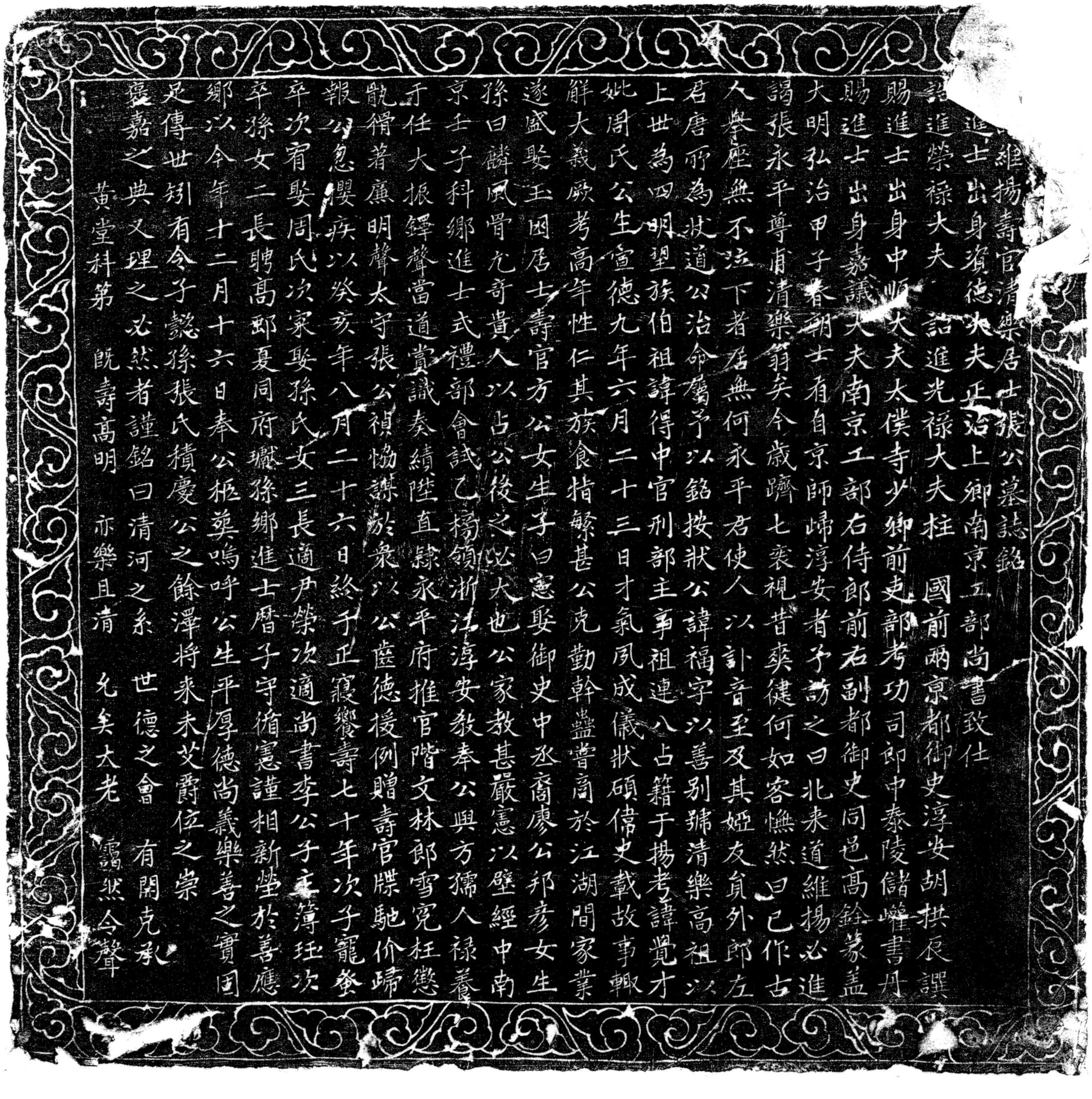
維揚壽官清樂居士張公墓誌銘
進士出身資德大夫正治上卿南京五部尚書致仕
誥進榮祿大夫 誥進光祿大夫柱 國前兩京都御史淳安胡拱辰譔
賜進士出身中順大夫太僕寺少卿前吏部考功司郎中泰陵儲巏書丹
賜進士出身嘉議大夫南京工部右侍郎前右副都御史同邑高銓篆蓋
大明弘治甲子春朔士有自京師歸淳安者予訪之曰北來道維揚必進
謁張永平尊甫清樂翁矣今歲躋七袠視昔奕健何如客憮然曰已作古
人矣聞無不泣下者居無何永平君使人以訃音至及其姻友貟外郎左
君唐所為狀道公治命屬予以銘按狀公諱福字以善別號清樂高祖以
上世為四明望族伯祖諱得中官刑部主事祖連八占籍于揚考諱覺才
妣周氏公生宣德九年六月二十三日才氣夙成儀狀碩偉史載故事輙
解大義厥考高年性仁其族食指繁甚公克勤幹蠱嘗商於江湖間家業
遂盛娶王氏居士壽官方公女生子曰憲娶御史中丞裔廖公邦彥女生
孫曰麟夙胃允奇貴人以占公後之必大也公家教甚嚴憲以壁經中南
京壬子科鄉進士式禮部會試乙榜領浙江淳安教奉公與方孺人祿養
于任大振鐸聲當道賞識奏績陞直隸永平府推官階文林郎雪冤枉懲
斂猾著廉明聲太守張公禎協謀於衆以公崖德援例贈壽官牒馳价歸
報公忽攖疾以癸亥年八月二十六日終于正寢饗壽七十年次子寵登
卒次宥娶周氏次家娶孫氏女三長適尹榮次適尚書李公子玉簿珏次
卒孫女二長聘高郵夏同府瓛孫鄉進士曆子守循憲謹相新塋於善應
鄉以今年十二月十六日奉公柩葬嗚呼公生平厚德尚義樂善之實固
足傳世矧有令子懿孫張氏積慶公之餘澤將來未艾爵位之崇
褒嘉之典又理之必然者謹銘曰清河之系 世德之會 有開克承
黃堂科第 既壽高明 亦樂且清 允矣太老 靄然令聲

明故維揚壽官清樂張公之墓

二〇一三年邗江區新盛街道國防路采集。一合，青石質。誌蓋方形，周飾簡化卷草紋，表面輕微風化，左側略殘損，邊長五五～五五・六釐米，厚八・七釐米，蓋面篆書四行一二字。誌身方形，周飾簡化卷草紋，邊長五五・四～五六釐米，厚八・三釐米，右上角有輕微磕碰和明顯裂紋。誌文二四行，滿行二八字。

二九

三〇　明敕贈刑部主事張公福配封太安人方氏（妙明）墓誌銘

正德十一年（一五一六）十二月二十六日

【誌蓋】

大明敕贈刑部主事張公福配封太安人方氏之墓

【誌文】

大明敕贈刑部主事張公福配封太安人方氏墓誌銘」

賜進士資善大夫南京都察院右都御史新安洪遠撰文」

賜進士中順大夫南京通政使司右通政興化楊果書丹」

賜進士第文林郎禮科都給事中同邑葉相撰蓋」

太安人方氏，諱妙明，厥考壽官玉淵居士士賢，厥妣林孺人壽安，以正統乙丑八月二」十四日子時，生太安人於烏衣里第，夢兆奇貴，閨閣生輝。今贈承德郎刑部雲南清吏」司主事維揚清樂張公，以善禮聘爲正室。內政克脩，家聲聿振，成化紀元，篤生長子，曰」憲，明經郡庠，擇娶宋御史中丞裔廖公富長女。弘治壬子科，憲中南都鄉進士，式癸丑」南宫乙榜，署浙江淳安教事。奉二親，禄養于任。大振鐸聲，乃生長孫，曰子麟，才器天成，」人皆賞識。癸亥，奏績遷直隸永平府推官。方期奉迎主事，公以八月二十六日棄養。憲」聞訃守制，以甲子十二月十六日，卜葬於城西善應鄉之原。正德丁卯，憲除江西贛州」府，復奉太安人之任。賢能懋著，德澤誕敷，載握郡符，首膺剡薦，一皆太安人内教致然。」已巳，奏績錦歸。庚午，陞刑部雲南司主事。季冬之望，憲生辰也。是日，我」聖天子尊兩宫之號，擴逮下之恩，敕進憲階承德郎，贈主事公如子之官，太安人與」廖安人同日受封，恩命自天，軒墀協瑞。辛未，憲深惟太安人高年微恙，上章得請改」南京刑部，就便侍養，慈孝日隆。癸酉，奏最陞本部員外郎，太安人懷土留鄉，鼎建甲第，」制度宏遠。乃爲孫子麟娶駙馬都尉尹公玄孫堦之女，家室攸宜，宗祀有賴。乙亥春，憲」陞本部郎中。聞母疾，馳歸相見，泣受遺囑。太安人以五月二十日，考終正寢。訃音傳布，」遐邇哀臨。距生時，享春秋七十有一。次男曰宥，娶周氏。曰寵、曰宷，俱卒。女三，長適尹榮，」次適李尚書子主簿珏，次卒。孫女四，長適夏進士子守恂，次適薛惠，次聘吴千兵子崑。」郎中君乃增植主事公塋松柏數萬株，闢置周塋岡壠林麓田塘，廣袤將千畝。龍脈完」固，氣運昌隆，四山之内，一皆棲神采靈之地矣。爰卜丙子十二月二十六日奉太安人」柩，合葬於主事公塋。持其同年兵科都諫安君金所爲狀，請予銘其玄堂之石。予弟通，」昔同官於郎中君，素聞張氏代有積德，至主事公父子，始克昌世業，望重鄉邦。則太安」人相夫訓子之美，光前裕後之功，於斯爲盛。而張氏慶澤如川，方至其子孫之賢貴，」制誥之加崇，端有待矣。是宜銘曰：

清河華胄，世鍾其慶。寶婺降祥，寔丁其盛。」作配清樂，金輝玉映。相爾後昆，永光成命。壽藏之域，善應之鄉。」萬松之北，雙墩之陽。龍蟠虎馴，拱衛玄堂。厚福餘澤，山高水長。」

（魏旭）

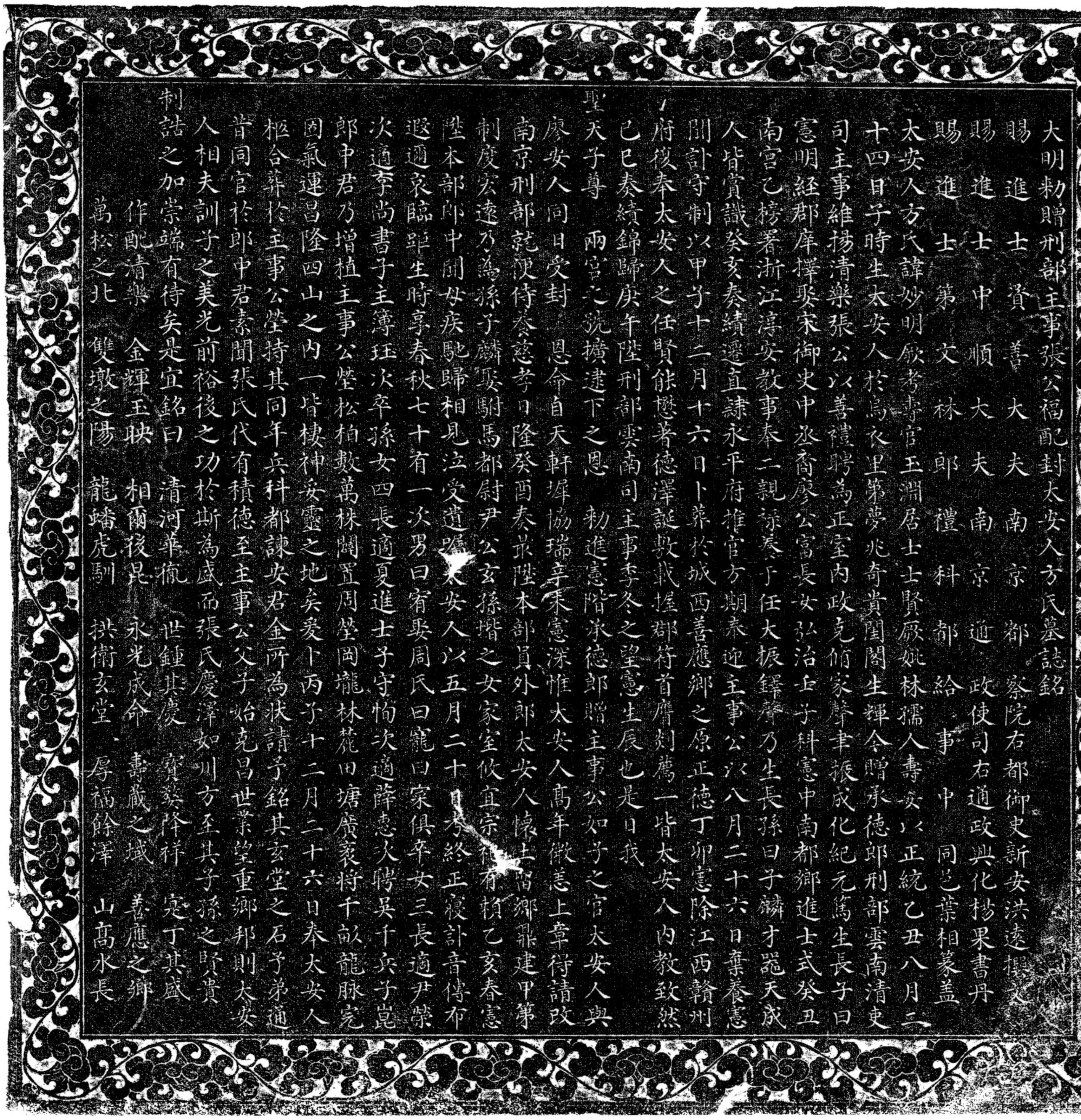

大明敕贈刑部主事張公福配封太安人方氏墓誌銘
賜進士資善大夫南京都察院右都御史新安洪遠撰文
賜進士中順大夫南京通政使司右通政興化楊果書丹
賜進士第文林郎禮科都給事中同邑葉相篆蓋
太安人方氏諱妙明啟考壽官玉淵居士士賢厥妣林孺人壽安以正統乙丑八月二
十四日子時生太安人於烏衣里第夢兆奇貴閨閣生輝令贈承德郎刑部雲南清吏
司主事維揚清樂張公以善禮聘為正室內政克脩家聲聿振成化紀元篤生長子曰
憲明經郡庠擇娶宋御史中丞裔廖公富長女弘治壬子科憲中南都鄉進士式癸丑
南宮乙榜署浙江淳安教事奉二親祿養于任大振鐸聲乃生長孫曰子麟才器天成
人皆賞識癸亥奏績遷直隸永平府推官方期奉迎主事公以八月二十六日棄養憲
聞訃守制以甲子十二月十六日卜葬於城西善應鄉之原正德丁卯憲除江西贛州
府復奉太安人之任賢能懋著德澤誕敷載握郡符首膺剡薦一皆太安人內教致然
己巳奏績錦歸庚午陞刑部雲南司主事季冬之望憲生辰也是日我
聖天子尊　兩宮之號擴逮下之恩　敕進憲階承德郎贈主事公如子之官太安人與
廖安人同日受封　恩命自天軒墀協瑞辛未憲深惟太安人高年微恙上章得請改
南京刑部就便侍養慈孝日隆癸酉奏最陞本部員外郎太安人懷土留鄉乃建甲第
制度宏遠乃為孫子麟娶駙馬都尉尹公玄孫増之女家室攸宜宗祧有賴乙亥春憲
陞本部郎中聞母疾馳歸相見泣受遺囑太安人以五月二十日考終正寢訃音傳布
遐邇哀臨躃生時享春秋七十有一次男曰宥娶周氏曰寵曰家俱卒女三長適尹榮
次適李尚書子主簿珏次卒孫女四長適夏進士子守恂次適薛惠次聘吳千兵子崑
郎中君乃增植主事公塋松柏數萬株闢置周塋岡壠林麓田塘廣袤將千畝龍脈完
固氣運昌隆四山之內一皆棲神妥靈之地矣爰卜丙子十二月二十六日奉太安人
柩合葬於主事公塋持其同年兵科都諫安君金所為狀請予銘其玄堂之石予弟通
昔同官於郎中君素聞張氏代有積德至主事公父子始克昌世業望重鄉邦則太安
人相夫訓子之美光前裕後之功於斯為盛而張氏慶澤如川方至其子孫之賢貴
制誥之加崇端有待矣是宜銘曰　清河華胄　世鍾其慶　寶婺降祥　寔丁其盛
作配清樂　金輝玉映　相爾後昆　永光成命　壽域之藏　善應之鄉
萬松之北　雙墩之陽　龍蟠虎馴　拱衛玄堂　厚福餘澤　山高水長

三〇

二〇一二年邗江區新盛街道站北路出土。一合，青石質。誌蓋方形，邊長六四・二釐米，厚一三・四釐米，四周綫刻草葉紋，蓋面篆書四行二〇字。誌身方形，邊長六四・八釐米，厚一一・二釐米，綫刻雙重方框，兩方框之間飾以連續的草葉紋。誌文二八行，滿行三三字。誌主方妙明，前誌張福妻。

大明敕贈刑部主事張公福配封太安人方氏之墓

三一　明奉政大夫修政庶尹南京户部郎中致仕南山張公（憲）墓誌銘

嘉靖二十七年（一五四八）二月二十六日

【誌蓋】

大明奉政大夫修政庶尹南京户部郎中致仕南山張公墓志銘

【誌文】

大明奉政大夫修正庶尹南京户部郎中致仕南山張公墓誌銘」

賜進士榮禄大夫太子太保禮部尚書兼翰林院學士前國子祭酒經筵講官同修國史鉛山費寀撰」

賜進士及第通議大夫禮部右侍郎前太常寺卿國子祭酒翰林侍讀經筵講官兼修國史郡人崔桐書」

賜進士第通議大夫兵部右侍郎兼都察院右副都御史奉敕總督陝西三邊軍務邑人曾銑篆」

嘉靖丙午秋，門生張選士應麟就試來京師，時尊甫南山公益康勝，予方喜麟之善養有徵而禄養有待也。未幾，公訃至，麟號躃歸，不遑辭予。其後」遣使致書及太僕卿蜀崗盛公所爲狀，介其友楊職方□南乞銘曰：生我者吾父，成我者吾師，爲吾父不朽計，是在吾師。予義不容辭。按狀，公諱憲，」字振卿，南山寓號也。其先四明望族，曾祖諱天祐，祖諱得才，祖妣周，世積仁厚，伯祖得中，前刑部主事。淮海公以從兄戍揚，自浙來訪，遂籍江都。考」諱福，字以善，號清樂，性質直剛介，寡言笑，慎取予，表正鄉閭，贈刑部主事。妣方氏，諱妙明，壽官士賢公女，慈良惠和，爲中壼師，封太安人。以成」化乙酉十二月十五日獲奇夢生公。公生而風骨秀瑩如玉，幼穎敏絶人。成童，廪郡庠，屢試冠諸生。時鄉賓壽官廖公富生女諱孝貞，賢孝不凡，兩」家父母各擇德，遂締婚焉，後封安人。弘治壬子，公領鄉薦，登乙榜，例補教職，抗疏辭，不報。乃之任淳安，端型範飭，矩度生徒，奮厲科甲，聿興屢迎。」養二親于任，日與里居元老諸賢游，造詣益深。趙督學合試郡邑，諸師儒特寘公異等，自是賞黜皆預參決署，淳邑以公敏稱。壬戌，擢永平府推官，」值張守禎甚愛重公，事必咨而後行，乃援例贈公父壽官牒。近府八衛怨張守威侮，將行無禮，公善爲解之，且綏民以文教，馭附夷以恩信，邊圉用」寧謐焉。癸亥，奔主事公喪，遍閲郊丘，卜吉城西善應鄉雙墩之陽，公夫婦竭力治喪盡禮。正德丙寅，改江西贛州府。二弟力求分析，乃捐産畀之，獨」領先塋地，仍稱貸資其生理。奉母履任，尋攝篆，郡號健訟難治，公忠信明果，訟訐爲清。值憲臺理獄，命兼引南吉二郡，咸稱無冤。有侵盜官銀券鈐」僞印者，一訊得情因節，獲諸司僞章十三顆，皆伏辜焉。其在郡及攝下邑，多所刱建，皆動贓罰役罪人，不擾平民。大帽山流賊積世爲南贛患，公承」檄出勦，輒遠遁。南安趙貳守鶴被擄，公捄之，立出。趙于難、劉太監璟奉旨籍南安巨家，沿途怙勢劫掠官吏，取賄不貲，而公卒無賄。時居民環擁，」乃指揮夫廪以進班，聲沸江□，氣奪而去。因檄公先驅圍捕，已而無一逸者，竟莫能害公。艾都憲方補北臺，其弟不法，上官宥之，公卒置于理。吉民」蟠據贛郡，結黨害衆，每擿發其奸，重懲之乃已。寧藩諸府，勒民倍利借貸，民多逋亡，獨鈎致奸徒，坐獲全利。公檄民三分還息，逋亡者輒勒此輩陪」償，其弊亦絶。信豐婦女盛飾徒行，每被摸掠。公下令出必乘輿，違者雖被掠，不理，侈俗爲變。屢按屬邑，至止郊野，輒爲民處分興革，遺惠不勝計。庚」午，行取赴京，適廖承祖僞稱逆瑾弟，締搆甚密，公獨卻其贄。隨緝獲，請囑贓私解呈當道，及公行，復縱去。承祖入京見瑾，初不納，後乃收之，授都指」揮。衆方爲公危，則瑾已伏法就擒矣。公抵京，拜刑部雲南司主事，司最繁劇，公至輒有聲。時女弟夫負職，課監追奏行本司，其敵諸内校故跪訴于」朝，以脅公。公斥其奸，且曰：吾典邦禁，知有法而已，不知有私親也。值朝審推公監引，輒獲重譽。諸逋負上供白麵，部堂徇囑，欲加重法，公力爲申」辨，皆得末減。重囚張清本巨奸，遇當決，輒賄諸權璫，奏免。公預具三覆本，隨出輒進，渠不及謀，遂伏誅焉。會上」兩宫徽號，推恩進階，父母妻皆贈封如制。然念太安人留鄉，每夫婦泣下，因相議爲便養圖，遂具疏懇請。有旨改南京福建司，奉母之任養志平，」反有加于前。尋提獄禁，鄭正郎私恚内宦，遣吏送獄，冀公絶其食飲，公重斥之。癸酉，署湖廣司副郎，與鄭同司少監，楊玉輩以大内材木治其官」居，鄭欲當以盜内物，公竟擬擅用官物，仍供官用，得下比。甲戌，奏最南還，太安人老不欲行，乃留廖安人，娶新婦同侍養。乙亥，署福建司郎中。太」安人疾革，廖安人盡瘁後事，遣人馳報公宜棄官一來。公泣請諸戈司寇，遂挈應麟飛渡江，受遺命，二日乃屬纊。戊寅，改南户部雲南司，南下。值楊」監王進鮮封閘，公同行劉兵部守達率衆鬬争，不可解，乃親往止之。楊望見公曰：我恩父也。遂散去。劉慚，反怨公賣己。公在部，兼攝數司，仍總查糧」□，剖决如流，出納明慎，參提甚衆，卒無怨言。乃留鑰，會委公同劉守達清理諸草場，劉欲擬參贊，例坐公上，公斥其非，既又以執法，見忤益深。己卯，」武廟南征，敕南户書王公便宜督餉，王卒于家，而駕已先發。敕繳，留都諸老僉議不及請，乃自劾專命，會推公遵奉前敕，往督南直隸湖江」諸道大軍糧餉，諸司有違，逕自參提，重則以軍法從事。公四旬遍歷，百需立辦，且檢制中貴御宰不使妄爲，士飽馬騰，民亦不擾。庚辰，實授郎中，值」朝命市金，金價五六倍于銀，部擬三倍，公力請，僅增其一。辛巳，與推二省參議，皆不報。會考察京僚，劉守達時改南户部，擬不職罷，大司徒將公會議，」回即命取其印付公兼掌。劉疑公所爲，因誣以昔增金價，實潛分其直，訐於南臺，或遂緣私怨執奏。值公乞休，乃特允歸田，公翛然謝政。日葺東」園，嘯咏其間。且天性孝友，嘗傷先志未終用，勤瘁半生，新居第，培丘隴，鑿塘渠，植松鉅萬，昕夕必告面先祠，忌辰墓祭必致哀。二弟分異後，屢周其」乏，厚爲喪葬，并諸族皆合祀焉。居常必夙興，深夜乃寢，褻衣衾多補葺苟完。遇延賓，或節膳以俟。夜有所思，朝即見之。行能面斥人過，亦能受盡言。」談屑亹亹，人多諦聽，無貴賤老少，咸飲其誠。爲詩文，典雅壯麗，尤敏捷奇偉，雖軍務倥偬中，肆筆成帙，所著南山稿四十卷，皆應麟手録，鋟梓行世。」博學多聞，儒術外，下至地理、醫卜諸書，皆極其領要。歸休幾三十年，養高自重，監司郡邑罔不加敬，每鄉飲必延致大賓，或詠游，多候其至止，甚至特表其門堂，拜其先墓焉。遇利弊興革，亦不憚直言。如句城塘必當修復，灘江糧不容嫁害，皆懇惻申辯，作福鄉邦。其他如惠恤姻里，撫贍孤嫠，類」多義舉，未悉書。卒于丙午十月五日，享春秋八十有二。廖安人先十八年卒。性貞潔簡静，以慎密仁厚濟公，闊達嚴毅，裨益良多，光昭永世。應麟等」將以戊申二月二十六日葬公于二親左兆，與安人合墓。子二，長即應麟，婦駙馬都尉尹公玄孫女，卒，繼建鄴孫壽官女，亦卒，今繼即盛大卿從女。」次應鳳，婦何憲副從女。女四，皆適人，長夏進士子正科守恂，次故庠生薛惠，次例授指揮吴崑，次蕭炌。孫男四，松年，早殤。大經，婦楊貳尹孫女。大倫、」大本，皆治舉子業。孫女五，許聘者四，長宫保尚書高公曾孫煉，次李進士子諸生庭槐，次顧上舍子維藩，次閻鄉進士從子九逵。曾孫男曰壽孫。」應麟字元瑞，由選貢業成均，孝友天至，行誼超卓，博雅精邃，著書滿家，行取魁元，涉津要，他日彪炳事功，以究公所未究者，庶其在此。公不朽，固不」在銘不銘也。然公之盛德不可無銘，乃銘曰：

明山孕秀，淮海儲精。碩人挺出，瓌瑋崢嶸。發迹巍科，作人黌校。兩郡賢勞，明刑弼教。權奸斂避，巨寇」綏平。晉司邦禁，輦轂澄清。詔許榮親，恩便將母。三典南曹，功多圜土。司徒載歷，國計阜成。皇華督餉，民不知兵。明農緑野，清節高風。康寧」富壽，好德考終。位不稱德，完福其宜。有偉克承，行究厥施。慶貽百世，奕奕簪纓。德合無疆，皇皇令聲。

姑蘇吴臣刻石」

（閆璘）

三一

二〇一二年邗江區新盛街道站北路出土。一合，青石質。誌蓋邊長七〇釐米，厚一四・四釐米，篆書五行二五字。誌身方形，邊長七一・三釐米，厚一三釐米。誌文四六行，滿行五六字。誌主張憲，前誌張福、廖孝貞長子。

三二一 明户部郎中張公（憲）配勑封安人廖氏（孝貞）墓誌銘

嘉靖七年（一五二八）閏十月二日

【誌蓋】

大明户部郎中張公之配勑封安人廖氏孝貞之墓

【誌文】

大明勑封張安人廖氏墓誌銘」

賜進士出身正議大夫户部右侍郎前都察院副都御史王軏撰文」

賜進士出身嘉議大夫工部右侍郎前都察院副都御史徐蕃書丹」

賜進士出身通議大夫巡撫貴州等處都察院副都御史葉相篆蓋」

弘治壬子科，予與今南京户部正郎張南山振卿先生以郡庠文會友，同試應天，聯名鄉榜。正德庚午，同仕于」朝，稔聞厥配廖安人賢譽籍甚。嘉靖丁亥，予自南工部來京。明年孟秋，君忽伻來，以安人訃音至，并附其子郡庠生」應麟哀狀，謂安人墓石傳今信後，非予銘不可。予讀既，歎曰：世所述先德，有能詳覈若此者乎！按狀，安人姓廖氏，」諱孝貞，派出江右新淦之長簰，宋御史中丞剛之裔，至其父壽官鄉賓邦彦，始占籍于揚，母夏氏安人。生而聰敏」貞淑，慈懿簡静，語笑不苟。户部明經郡庠時尊甫贈刑部主事清樂公禮聘爲冢婦，孝奉庭闈，宜其家室。及户」部領教事之浙江淳安，即奉刑部公偕姑方太安人禄養于官。己未，乃生子應麟。癸亥陞永平節推，便道之任，輒」以弗獲迎養爲憾。是秋，刑部公考終于家，回籍治喪，以甲子冬卜葬郡城西善應鄉雙墩之陽，易簀珥以襄大事，」置墓田以供伏臘，植松柏以衛丘隴。正德丁卯，起復改江西，復奉太安人之贛州府，任贛界閩廣要衝，珥筆之民」健于訟，古稱盜區瘴鄉。户部兩綰郡符，三握兵柄，能舉職發聞以紓高堂内顧之憂者，一皆安人純孝之助。庚午，」户部君以屢薦起陞刑部雲南司主事，職居法從，司稱劇繁，所典京府畿甸皆大刑辟，而鞫讞之下，全活尤多。適」朝廷上兩宮徽號，推逮下之恩，贈清樂公如子之官，階承德郎，姑封太安人。而安人」制詞有：淑慎有常，柔嘉維則，秀鍾舊族，德媲英流，禮義相成，儉勤自勵，用旌内助，式耀中閨等語，世以爲榮。拜」命之日，安人忽泣下曰：吾夫婦安享天禄，吾姑遠留鄉土，盍援例乞南以便迎養乎？户部即灑泣陳疏，至辛未秋，章」再上，乃得請歸，奉太安人之任南京刑部福建司。太安人安於禄養，户部君益賴以展布才猷，聲蹟愈懋，尋遷湖」廣司副郎，再遷福建司郎中階奉政大夫。甲戌春，安人奉姑□應麟歸娶。户部君尋以考績歸省，偕安人竭力營」建太平坊甲第，氣象宏遠，以奉庭闈。乙亥夏，太安人忽遘疾，彌留□一見子，安人馳价渡江，曰：君獨不能棄官一」來耶？户部兼程以歸，受治命，二日而卒。卒而棺斂含襚，皆安人經畫，百需具辦。丙子季冬，奉柩啓刑部公窆而祔」焉。户部君痛惟刑部公弗及生榮恩典，安人乃相與竭資，益以稱貸，搆廬舍數十楹于塋之左，益闢置祭田及」隣山岡隴數十頃，延植松柏數十萬株，四時佳氣葱蔚，濤湧雲蒸，龍脈完盛，四山之中皆妥靈之地，蓋至是而始」集風水之大成矣。丁丑，户部君赴部，先擬雲南，後擬廣西二遠省參議，皆不果。復除前任，典掌邦計，兼綰數司印」章。君以官久資深，持法嚴峻，安人曰：君年將及，子學垂成，乃不休致，遺子進學，顧久柄要權以干群怒乎？君亟以」白于當道，皆不可。安人遽挈子歸，進學郡庠。己卯，聖駕南征不軌，户部君以留守重臣會薦遵奉便宜」，勅諭督理直隸湖廣江西大軍糧餉，往返數千里，令行禁止，餽餉周給。然坐是竟不獲隨衆超擢，始信安人之定見」前識，翛然謝政歸，偕安人安享榮貴者數年。安人忽一疾，考終正寢，姻里驚悼，遐邇哀臨，時嘉靖戊子二月十三」日辰時也，距其生成化丁亥六月初一日午時，享春秋六十有二。子即應麟，業擅青雲，指期甲第，先娶駙馬都尉」尹公裔孫女，卒，繼娶南京龍江孫氏。女四，長適夏進士子守恂，卒，次適薛惠，次適援例指揮同知吴崑，次聘蕭典」膳子玠。户部君卜以是年閏十月初二日申時，從葬安人于刑部公之左兆，而虚其右。嗚呼，安人生平純孝，克相」善教之實，第舉其畧，若夫内政之詳，顯榮之自，厚德餘慶，如川方至者，殆不止此而已。是宜銘，銘曰：」

淮海維揚，婺女儲祥。香芝之秀，金玉其相。四德允萃，百度惟良。從夫于宦，中外回翔。」司寇主政，司徒正郎。憂紓内顧，嫌遠外防。」命服褒章，克相斯致。桂枝片玉，善教實彰。既貴愈永，寖明而昌。胡弗俟予，騰踏飛黄。」生前之憾，身後之光。一世之積，百世之長。善應之鄉，善人之藏。厚隴崇岡，曲水澄塘。」有松萬行，有封若房。龍蟠虎馴，蔚乎蒼蒼。炳靈鍾秀，胤嗣無疆。銘文貞石，景仰餘[芳]。」

（劉松林）

大明敕封張安人廖氏墓誌銘
賜進士出身正議大夫　戶部右侍郎前都察院副都御史王軏撰文
賜進士出身嘉議大夫　工部右侍郎前都察院副都御史徐蕃書丹
賜進士出身通議大夫　巡撫貴州等處都察院副都御史葉相篆蓋
弘治壬子科予與今南京戶部正郎張南山振卿先生以郡庠文會友同試應天聯名鄉榜正德庚午同仕于
朝稔聞厥配廖安人賢譽籍甚嘉靖丁亥予自南工部來京明年孟秋君忽伻來以安人訃音至并附其子郡庠生
應麟哀狀謂安人墓石傳今信後非予銘不可予讀既嘆曰世所述先德有能詳覈若此者乎按狀安人姓廖氏
諱孝貞派出江右新淦之長鎮宋御史中丞剛之裔至其父壽官鄉賓邦彥始占籍于揚母夏氏安人生而聰敏
貞淑慈懿簡靜語笑不苟戶部明經郡庠時尊甫　贈刑部主事清樂公禮聘為冢婦孝奉庭闈宜其家室及戶
部領教事之浙江淳安即奉刑部公偕姑方太安人　祿養于官己未乃生子應麟癸亥陞永平節推便道之任軏
以弗獲迎養為憾是秋刑部公考終于家回籍治喪以甲子冬卜葬郡城西善應鄉雙墩之陽易營瑘以襄大事
置墓田以供伏臘植松柏以衛丘隴正德丁卯起復改江西復奉太安人之贛州府任贛界閩廣要衝瑘筆之民
健于訟古稱盜區瘴鄉戶部兩綰郡符三握兵柄能舉職發聞以紓高堂內顧之憂者一皆安人純孝之助庚午
戶部君以屢薦起陞刑部雲南司主事職居法從司獮劇繁所典京府畿甸皆大刑辟而鞫讞之下全活尤多適
朝廷上　兩宮徽號推逮下之恩贈清樂公如子之官階承德郎姑封太安人而安人
制詞有淑慎有常柔嘉維則秀鍾儁族德媲英流禮義相成儉勤自勵用旌內助式耀中闈等語世以為榮拜
命之日安人忽泣下曰吾夫婦安享天祿吾姑遠留鄉土盍披[illegible]乞南以便迎養乎戶部即瀝泣陳疏至辛未秋章
再上乃得請歸奉太安人之任南京刑部福建司太安人安於祿養戶部君益賴以展布才猷聲績愈懋尋遷湖
廣司副郎再遷福建司郎中階奉政大夫甲戌春安人奉[illegible]麟歸娶戶部君尋以考績歸省偕安人竭力營
建太平坊甲第氣象宏遠以奉庭闈乙亥夏太安人忽遘疾[illegible]一見子安人馳价渡江曰君獨不能棄官一
來耶戶部無程以歸受治命二日而卒卒而棺斂含襚皆安人[illegible]畫百需具辦丙子季冬奉柩啓刑部公窆而祔
焉戶部君痛惟刑部公弗及生榮恩典安人乃相與竭貲益以鬻貸搆廬舍數十楹于塋之左益闢置祭田及
隣山岡隴數十頃延植松柏數十萬株四時往[illegible]蔚濤湧雲蒸龍脉完盛四山之中皆安靈之地蓋至是而始
集風水之大成矣丁丑戶部君赴部先[illegible]南[illegible]後陞廣西二遠省參議皆不果復除前任典掌邦計無縮數司印
章君以官久資深持法嚴峻安人曰君年將及[illegible]垂成乃不休致遺子進學顧久柄要權以干羣怒乎君亟以
白于當道皆不可安人遂挈子婦進學郡庠己卯　聖駕南征不軌戶部君以留守重臣會薦遷奉便宜
敕諭督理直隸湖廣江西大軍糧餉往返數千里令行禁止餽餉周給然坐是竟不獲隨衆超擢始信安人之定見
前識脩然謝政歸偕安人安享樂貴者數年安人忽一疾考終正寢姻里驚悼邀邇哀臨時嘉靖戊子二月十三
日辰時也距其生成化丁亥六月初一日午時享春秋六十有二子即應麟業擅青雲指期甲第先娶駙馬都尉
尹公裔孫女卒繼娶南京龍江孫氏女四長適夏進士子守恂卒次適薛惠次適援例指揮同知吳崑次聘蕭典
膳子玠戶部君卜以是年閏十月初二日申時從葬安人于刑部公之左地而虛其右嗚呼安人生平純孝克相
善教之實弟舉其畧若夫內政之詳顯榮之自厚德餘慶如川方至者殆不止此而已是宜銘銘曰
淮海維揚　婺女儲祥　香芝之秀　金玉其相　四德允萃　百度惟良　從夫于宦　中外回翔
司寇主政　司徒正郎　憂紓內顧　嫌遠外防
命服袞章　克相斯致　桂枝片玉　善教實彰　既貴愈永　寖明而昌　胡弗俟子　騰踏飛黃
生前之憾　身後之光　一世之積　百世之長　善應之鄉　善人之藏　厚隴崇岡　曲水澄塘
有松萬行　有封若房　龍蟠虎馴　蔚乎蒼蒼　炳靈鍾秀　儱嗣無疆　銘玆貞石　景仰餘[illegible]

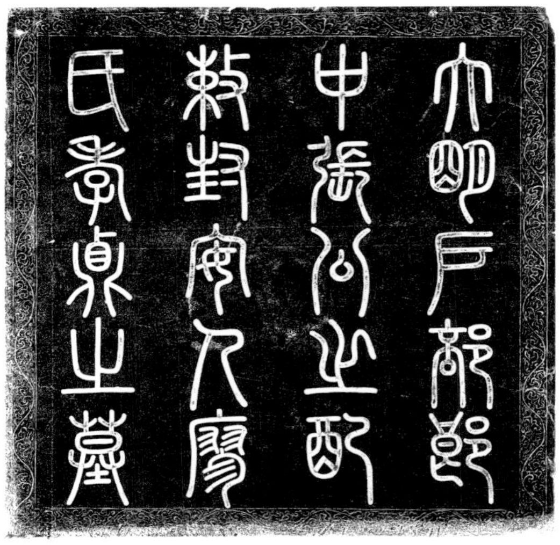

三二

二〇一二年邗江區新盛街道站北路出土。一合，砂石質。誌蓋方形，高七二、寬七一釐米，蓋面篆書四行二〇字。誌身左下殘缺一角，邊長七〇~七〇・五釐米，厚一四釐米。誌文三七行，滿行四三字。誌主廖孝貞，前誌張憲妻。

明張選士（應麟）配孺人孫氏（德全）墓誌銘

嘉靖二十七年（一五四八）二月二十六日

【誌蓋】

大明張選士配孺人孫氏墓志銘

【誌文】

大明張選士配孺人孫氏墓志銘」

賜進士第通議大夫户部左侍郎兼都察院右副都御史奉」

敕總督漕運兼巡撫鳳陽等處地方石谿翁韓士英撰」

賜進士第中憲大夫山西按察司副使奉」

敕整飭潞安等處兵備前翰林院庶吉士月梧何城書」

賜進士及第翰林院國史修撰承務郎石鹿李春芳篆」

予往任南户部，與江都南山張公爲同官同志友，獲識公家子元瑞名應麟者，偉器也。及公奉便宜」敕諭督理江南北諸道軍餉，予餞之龍江，契友孫廷潤氏，公曰：子婦早卒，聞孫君有淑女，擬續姻盟，敢假」鼎言于執事。予自計所聞同，所擬亦同，爰爲通致廷潤，故稔聞元瑞之才賢，遂許聘爲繼配焉。既乃公」致政歸，其後，元瑞廩郡庠，魁選貢，孫竟以嘉靖乙巳正月八日卒。明年丙午秋，元瑞應試于京師，遂爲」狀，奉公書請銘其墓。未幾，元瑞聞公訃奔歸，越歲乃伻來，申前請。少宗伯東洲崔公，其姻家也，則又曰：」吾悉之子之賢孝，□信公有寅家之義，其奚辭。乃按狀，其諱德全，行三，其先山東人。大父諱繼，先父諱」玉，號金城，皆有□德，爲鄉實壽官，世籍南錦衣衛。母方氏，稱賢配，以弘治癸亥六月二十一日生，幼慧」敏貞淑，事大父二親既順以孝。年十七，歸元瑞，值若翁家教嚴甚，乃靖恭婦職，恪勤庶務。每食，上具甘」旨候廚下，即勞且備不敢休。姑廖安人素多疾，輒奉至私寢，極力調衛，雖永夜，惟假寐榻前。遇享，先必」嚴飭躬治，親賓至，豐儉惟宜。待少姑女妹輩，愛敬周洽，旁及諸姻里，饋恤靡遺。下逮臧獲，恩威並著，罔」不敬畏悦服者。先是，以元瑞得嗣稍遲，亟請諸姑自解簪珥，聘姜氏爲側室，撫愛殷至，鞠其所生，無異」親產。□公嗣息繁昌，式衍本支，百世之慶，蓋婦人賢孝之功，莫是過焉。每元瑞授徒會友，率晨興主饋」祚，寒暑雨無少倦。尤贊其□以篤學，虚以受人。今元瑞問學淵博，著述宏富，迭魁鄉郡，兩冠南雍，而指」擬非□□□于他日者，此其爲善相之美可誣哉。若乃佐義方以訓子，而箕裘克紹篤成，諸女淑孝著」聞，則又其母儀之善有過人者。且性素勤儉，恒辛劬終日，仍理女紅，屆中夜乃寢。其于食不喜重味，衣」不喜重襲，非喜□不□錦綺。尤戒嚴閫閾，外庭弗履，内言莫聞。觀書史頗涉大義，然竟不爲詩文絃誦。」□絶不飲，曰：非婦德所宜也。嘗被疾，元瑞視之終日，辭曰：我命在天，子姑置我度外，務力學，顯親揚名，」酬罔極至恩於萬分一，我雖死猶生，況未必死乎。未歿之前一月，疾增劇，曰：我死無足惜，獨舅老八袠，」慶辰伊邇，得彌留旬月，願矣。大慶畢，輒永訣曰：吾少違父母事，舅姑不克終，夫達子成均不及見，諸女」婚嫁未畢，遺恨爲多。若死生常理，脩短餘事，無論也。吁！以女流而能及此，此亦可諒其平生矣。其於先」祖姑方、先姑廖，寔嗣徽音，永永無斁，古稱死不亡曰壽，其是之謂歟！距其生得年四十有三。子四人，松」年，慧而早殤。大經，娶楊貳尹孫女。大倫、大本，皆未聘。女五人，令儀，許聘太子少保高公曾孫煉；莊儀，」許李縣尹子庠生庭槐；睿儀，許國子生子顧維藩；順儀，許鄉進士從子閻九逵；婉儀，尚幼。孫男一，曰壽」孫。其葬以嘉靖戊申二月二十六日，墓在城西雙墩之陽，而適當封君太翁姑之右兆，與翁姑左兆」相值。先是，丙午歲南山翁卜以辰月壬申治其葬，不果。及是，竟卜吉辰月壬申，其數之前定，如合符節，」如有待然。揆之昔南山翁求婚之請，與予合，今東洲公求銘之贊，與翁合，均謂非天位之合不可也。而」異日夫子之顯榮，」恩誥之光被，亦自有不期而合者矣。是爲銘曰：」

孰生爾賢，壽不而延。孰成爾德，福不爾便。天也難諶，理或不然。顯相良人，行擬大受。祗服貤」恩，是用不朽。理本一貞，天定什九。秩秩徽音，嗣爾任姜。振振子姓，百世其昌。萬年考信，視此銘章。

吴郡吴巨刻」

（周贇）

二〇一二年邗江區新盛街道站北路出土。一合，青石質。誌蓋方形，邊長六八·八釐米，厚一一·四釐米，篆書四行一三字。誌身方形，邊長六八釐米，厚一一釐米。誌文三六行，滿行三九字。誌主孫德全，張應麟妻，應麟即前誌張憲、廖孝貞長子，又前誌張福、方妙明之孫。

三三

三四　明故武略將軍何公士英（俊）暨配潘宜人合葬墓誌銘

正德元年（一五〇六）九月二十五日

【誌蓋】

明故武略將軍何公士英暨配潘宜人合葬墓誌銘

【誌文】

明故武略將軍何公士英……」

賜進士出身文林郎南京浙江道監察御史□人盧□撰文」

賜進士出身承直郎北京户部□□清吏司主事昭□楊杲書丹」

賜進士出身觀大宗……川姚繼嚴篆蓋」

嗚呼！此揚州衛武略將軍何□□配潘宜人之墓也。按狀，公諱俊，字士英，」其先浙江寧波府昌國人。曾□□□戎，隸方氏，後歸附湯大夫麾下。父忠，」字允誠，正統十四年有軍功□□吴氏，生三子，長信，次即公，又次傑。公」□□殁於景泰三□□□□千碩實邊，授本衛右千户所試百户□俸」□□□令于孫□□□□隨游擊將軍武平伯陳友征討凉州莊浪，有」□□□授百户□□□□□兵官征夷將軍都督趙輔征討兩廣，在于蕩」□□□□□□□□□□功陞本所副千户。公生而天性孝友，重信義」□□□□□□□□□□□□冒矢石，出入虜境，敢勇當先，輒建奇功，爲□」□□□□□□當一面□□無少摧挫，而錫賚獨厚。事竣，回衛營，事撫恤」□□□□□事上，誠以侍下，公勤有爲。成化十四年以老年倦于從事，迺」□□□□職，公游優林泉之下，日與縉紳士徜徉壺矢詩酒之間，□二□」□□□□如□正德元年偶膺一疾，竟不起矣，卒于九月二十五日□□」□宣德四年庚戌九月十一日也，壽七十有七。配潘氏宜人，有□□□□」□禮，閑于女紅，閨門取法，善治家，教諸子以義方，待公側室王氏□□□□」□□。士英公所以得盡忠于」□，無内顧之憂者，以有宜人在也。先公卒，卒之年弘治癸亥□□□□□□，」生于宣德三年己酉二月初一日，壽七十有五。綱等卜吉□□□□□」十有一日與宜人合葬於蜀崗之原，禮也。子二，長即綱，蒞官□□□□□」鎮撫俞景輝之女，先卒，側室錢氏、謝氏。次紱，娶宋相史嵩之□□□□□，」先卒，繼娶長興縣知縣楊廷潤之姪女。女一，適本衛千户□□□□□。□」男四人，長鵬，毓秀，郡庠習武經，知大義，娶蔣氏。次鴞，聘揚□□□□□」所出也，生孫女二人，長素真，配士人劉漢，俞氏所出也。次□□□□□」然之子澄，錢氏所出也。紱生孫男一人，鴻。孫女一人，素香，□□□□□」榮死安，可謂無遺憾矣。綱持太學劉賓夫狀乞銘於予，因□□□□□：」矯矯虎臣，以武奮身。盡忠報國，以安黎民。賢哉宜人，憲英□□。□□□□。□」敬如賓。子孫王立，福壽駢臻。山高水長，百世宗禋。慶澤□□，□□□□。」

（朱超龍）

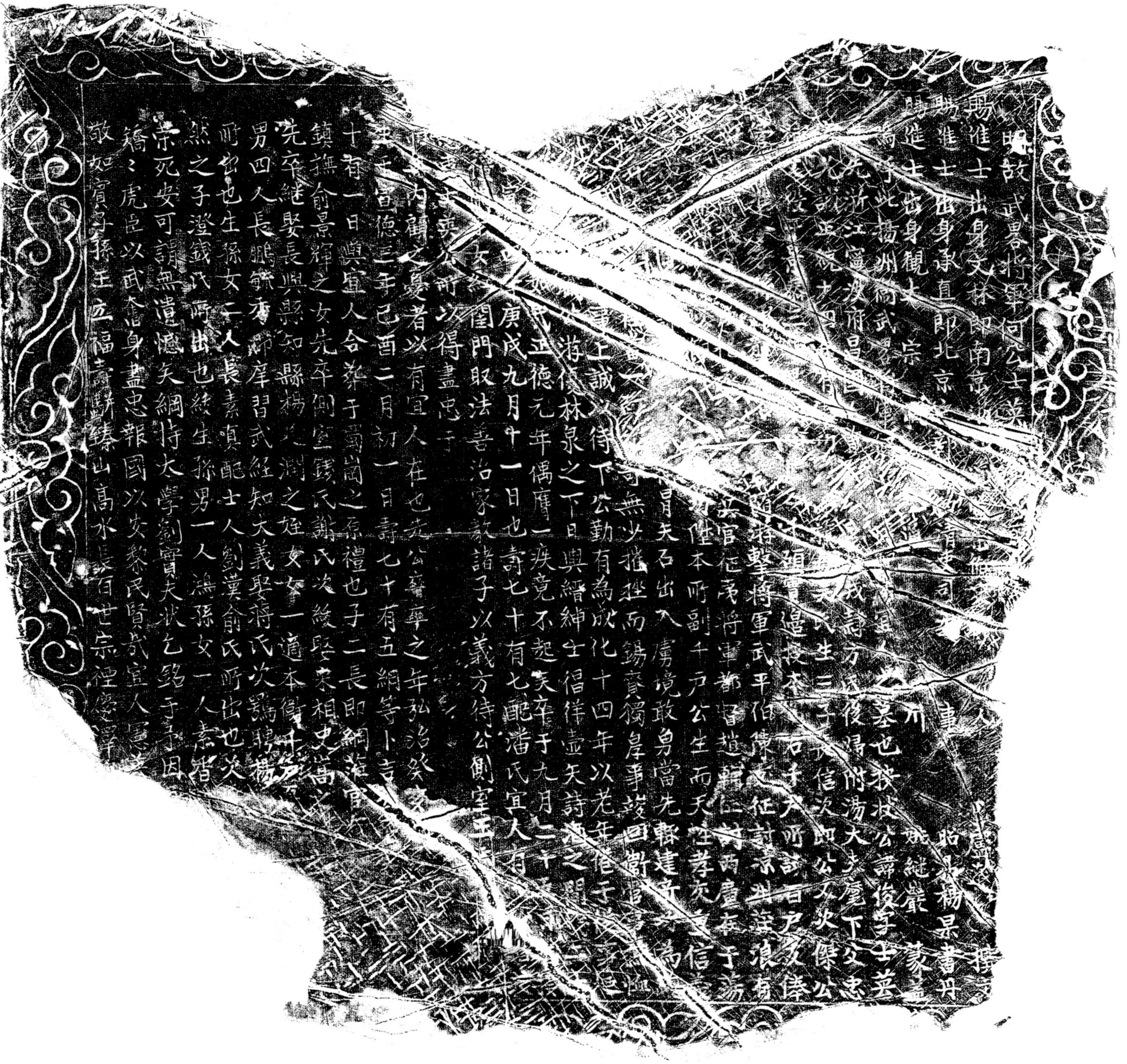

三四

二〇一六年邗江區城北鄉秋實路出土。一合，石灰岩質。誌蓋方形，邊長五五釐米，厚八釐米，風化侵蝕嚴重，破裂較甚，四周飾卷雲紋，篆書五行二〇字。誌身方形，殘高五三釐米，寬五六釐米，厚六釐米。誌面有磨損破裂，誌文三〇行，滿行二九字。

三五　明故南坡居士魏公士達（通）墓誌銘　正德三年（一五〇八）六月十八日

【誌蓋】

明故南坡居士魏公士達墓誌

【誌文】

……坡居士魏君墓誌銘」

［賜進士］出身亞中大夫都察院左僉都御史同郡儲巏撰文」

［賜進］士出身奉議大夫南京工部尚書邑人高銓［篆蓋］」

［賜］進士出身奉訓大夫户部員外郎邑人王軏書丹」

弘治癸亥，維揚魏瑆文璧□其藝北□□」京師，余得識而交之。又明年，余以職事過維揚，間造其廬，文璧衰絰見余，泣曰：」吾翁喪已踰歲矣。遂吊之，既以銘請余，諾之，未果也。今年夏，余總餉」南都，文璧授其子禧書來徵銘。禧曰：吾大父須是以葬。餘則無以應，乃□而」銘之。敘曰：居士魏姓，諱通，字士達，其先閩之福清人。居士之祖諱□，洪武」初從湯大夫征閩，歸遷於揚，遂爲江都人。考諱德周，母陳氏，生二子，居士」其長也。居士自少性簡樸寬厚，猝遇喜怒，能自持，力農服賈，群處廛□□」然間有施舍，不專溺於利也。德周喜遠遊，遊數年家人莫知。其鄉□□□」□行四方，竟得其處，奉以歸。嘗推擇爲亭三老，民有訟於監司者，□往屬」之。居士爲之剖曲直，疏寃滯，民多得其平。至有感泣拜於道者。有惡其專」者，尋以事罷之，居士恬然，退闢園□室以老焉，乃自號曰南坡居士。晚以」高年例」賜冠帶，享年八十有二，生永樂癸卯八月二十三日，以弘治甲子歲九月二」十七日卒於家。娶陳氏，卒。繼娶陳氏，無出。二子，瑆、琳，琳先卒。女三人，在者」□衛經歷張漢臣。孫男曰祥，曰禧，禧治舉子業有聲。二女，孟嫁錢珙，仲張」欒。曾孫，男三，鶴、鸞、鳳，女亦二人。初文璧旅遊東海上，遇異人授以方藥，事」甚□□。居士中年後病□□顔□□醫莫能療，文璧因以前藥進，□□□」而愈。居士自是體履輕健，顔渥丹，眉寢長覆目，如是殆二十年。又嘗舟居」於淮，一日暴風，淮流欻怒，居士忽墮水，舟人錯愕相視。頃之，居士從舟後」緣縱而上。又秦郵租田中橋，諸水石岝峉布水上，危甚。居士乘騾，凌□墜」焉，騾稍逸，居士訖無傷，人尤異之。比事而觀，噫，可以考其行矣。居士以正」德戊辰六月甲申日葬善應鄉七里店之坂，陳孺人祔。銘曰：」

[庶]人之孝，而獲乎□。□天之智，而及乎民。□□之壽，□□」其身。琢銘耀行，□□□人。」

（朱超龍）

三五

揚州城西出土。一合，青石質。誌蓋方形，邊長五六釐米，厚六・五釐米，篆書三行一二字。誌身方形，邊長五五釐米，厚八釐米。誌文二七行，滿行二九字。

三六　明故恩榮壽官錢公（釗）墓誌銘

正德六年（一五一一）三月二十七日

【誌蓋】

明故恩榮壽官錢公墓

【誌文】

明故恩榮壽官錢公墓誌銘」

賜進士出身中憲大夫知岳州府事邑人盧瀚文淵撰文」

賜進士出身奉議大夫山東按察司僉事邑人盛儀德彰書丹篆額」

粵士喪禮，壙必有銘，所以著其家世之源委，生平之行實，子姓之流衍，鐫諸貞珉，以」垂諸永久，仁人孝子是用急焉。自風俗日淪，世惟末節，是易禮之制，豈端使然哉。余」於錢氏子之請銘，所不辭焉者，嘉其能知所重也。況素善於其父，又奚辭爲。按公諱」釗，字廷勉，世爲江都人。曾大父諱旺一，大父諱貴三，考諱彥明，三世蓄善弗耀。彥明」娶田氏，生二子，公其次也。公幼質凝重，動若老成人。比長，勤力家計，南涉湖湘，北踰」宣代，歲客外者爲常。彥明每自慰曰：吾克家子也。田早卒，公鞠于後母，孝愛篤至，凡」生所致養未嘗不當父母心，厥後兩遭喪故，協其兄事一如儀，可謂能其子矣。錢固」盛族，公處伯仲間，友義周恰，後有機毒異爨者，公一委順長者命，略不爲齟齬意，然」懿親終不敢廢焉，可謂能其弟矣。始娶張氏，柔婉莊静，甚密琴瑟之好，張甫中折，哀」痛弗堪及；繼室周氏，□著内相之賢，公賓穆于于，終其身未嘗一日反目，可謂能其夫」矣。有三丈夫子，以長者純謹，以家事付之，次爲勤敏，遣充府史，聽選銓曹，次則頎然」偉器，資性穎秀，遣游邑庠，公之廷訓尤嚴，遂成大儒，立身揚名，可以立伺，可謂能其」父矣。至於敬以持己，恭以與人，廣賙恤之義，敦愷悌之仁，慎然諾之信，自將偘偘，不偕」於棅，不遷於利，禮度邕邕，温然可挹，可謂能其人矣。正德改元，獲受壽官之榮，識者謂」公純德，天實蔭庥，其信然也。公生於正統戊辰歲七月初九日，正德四年七月十七」日以疾終於正寢，實享年六十有二。長子曰璋，次曰璁，即府史，俱張出也。次庠生曰」玹，周所出也。三女，長適醫官方寸明，次適厲士完，次適胡珊。璋娶鄭氏，璁蕭氏，玹楊」氏，俱名家子。孫男女四人，良輔、良弼、淑蘭、淑蕙，俱幼。璋等以公歿之三年，獲善地於」城西善應鄉之原，遂以三月二十七日歸窆公柩，禮也。嗚呼！余之銘人多矣，鮮無愧」辭，如公鑿懿行表在人，余固樂而爲之銘也。銘曰：」

有浚其源，德之完。有引其流，德之優。有致其豐，德之隆。」有積其壽，德之厚。有蔭其嗣，德之遺。有煒其光，德之良。」唯其然，斯永傳。

張氏以成化十八年卒葬舍東，今改棺合葬于此。」

（朱超龍）

明故恩榮壽官錢公墓誌銘
賜進士出身中憲大夫 知岳州府事 邑人盧瀚 文淵 撰文
賜進士出身奉議大夫 山東按察司僉事 邑人盛儀 德彰 書丹篆額
粵士喪禮壙必有銘所以著其家世之源委生平之行實子姓之流衍鐫諸貞珉以
垂諸永久仁人孝子是用急焉自風俗日渝世推末節是以禮之制豈端使然哉余
於錢氏子之請銘所不辭焉者嘉其能知所重也況素善於其父又奚辭焉按公諱
釗字廷勉世爲江都人曾太父諱旺 太父諱貴 考諱彥明三世蓄善弗耀彥明
娶田氏生二子公其次也公幼質凝重動如老成人比長懃力家計南涉湖湘北踰
宣代歲以外貨爲營彥明晏自慨曰吾之家子也田早卒公鞠于後母孝愛篤至凡
生所致養未嘗不當父母心歿後兩遺喪哉協其兄事一如儀可謂能其子矣錢固
盛族公處伯仲間友義周洽後有梲毒異釁者公委順長者命略不爲齟齬意然
終親終不敢廢焉可謂能其弟矣始娶張氏柔婉莊靜甚啓琴瑟之好張甫中折哀
痛弗堪及繼室周氏亦著內相之賢公賓穆承終其身未嘗一日反目可謂能其夫
矣有三丈夫子以長者純謹以家事付之次爲勤敏遣充府史聽選銓曹次則頎然
偉器資性穎秀遣游邑庠公之庭訓尤嚴遂成大儒立身揚名可以立同可謂能其
父矣至於敬以持己恭以與人廣賙恤之義敦愷悌之仁慎然諾之信自將偘不偕
於様不遷於利禮度邕溫然可挹可謂能其人矣正德改元獲受壽官之榮識者謂
公純德天實蔭庥其信然也公生於正統戊辰歲七月初九日正德四年七月十七
日以疾終於正寢實享年六十有二長子曰璋次曰璁即府史俱張出也次庠生曰
玹周所出也女長適醫官方寸明次適儒士完次適胡珊璋娶鄭氏璁蕭氏玹楊
氏俱名家孫男女四人良輔良弼淵蘭淵蕙俱幼璋等以公歿之三年獲善地於
城西[illegible]之原遂以三月二十七日歸窆公柩禮也嗚呼余之銘人多矣鮮無愧
辭始公鑒懿行表在人余固樂而爲之銘也 銘曰
有浚其源 德之完 有引其流 德之優 有致其豐 德之隆
有積其壽 德之厚 有蔭其嗣 德之遺 有燁其光 德之良
唯其然 斯永傳 張氏以成化十八年卒葬舍東今改棺合葬于此

明故恩
榮壽官
錢公墓

三六

邗江區西湖街道西陳莊出土。一合，青石質。誌蓋方形，邊長六〇釐米，厚一二釐米，蓋面篆書三行九字。誌身方形，邊長五九釐米，厚九釐米。誌文二六行，滿行三二字。

三七　明許宜人倪氏墓誌

正德六年（一五一一）十一月十□日卒

【誌蓋】

大明許宜人倪氏之墓

【誌文】

……墓志銘」
□□□□□□□□□□□□□□□□□士□生……」
□□□□□□□□□□□□□□□□□□書篆」
□□□□□□□□□□□□□□□□□□□無益於□，尚何銘哉。若夫女」□□□□□□□□□□□□□□□□□□□先達別駕許公之配倪宜人」
□□□□□□□□□□□□□□□□□□□在閨幃，問遵姆教，學女事工」□□□□□□□□□□□□□□□□□□公□曰：此女當不媿凡子，慎爲」
□□□□□□□□□□□□□□□□□□□□曰：異日必顯貴。遂薦入」□□□□□□□□□□□□□□□□□□□執婦道，事舅姑惟謹。公時在」
□□□□□□自□□□□□□□□□作於容色，公謂有古桓少君之風。其」□□公□□□□□□□□□□□□□□宜人篝燈煮茗，同其起居，公謂」其
助□□□□□□□□□□□□□□□□□□□公謂其敬事如孟德耀」□□□□□□□□□□□□□□□□□□□□□□之[饒]□以[自]給而宜」人自奉
□□□□□□□□□□□□□□□□□□未足以見宜人之執禮」□□以□公□□□□宜人□之□□□道教其子，□從師學□，遺游郡庠，復」□□□□
井井□□□條公□□內助之□□□□三州一郡，治績稱最，其」……□□□□□□□□□□□□□□備□□□□□其事遂寢。嗚呼惜哉！伉儷」白首方
□□□□□□□□□□□□□□□□無□求者忤弗意侵。尋遘疾，」竟不能起，□正德辛未仲冬[十有]□日□□□□，逆其生於正統戊辰季夏三」日，得
壽「六十」有四。子男二□□□□□□□□成□則可待，娶予師葉昌坴先」生女。曰□□□。孫男□曰□□□□□□□□□淑清適名家子□坦，俱先卒。」
次子曰□□□□□□□□□□□□□□□公爰卜新阡於郡城東北淮」□□□，將以□□□□□□□□□□□□□於丘□□□撰行實狀索予銘」子以宜人
□□□□□□□□□□□□□相□大成令名爲」[賜]□□□□□□□□□□□□□□□□□□宜人又爲賢母」□□□□□□□□□□□□□□□□□□□
銘曰」：
士□□□□□□□□□□□□□□□□□□□□其固有不以豐約而移」故可□□□□□□□□□□□□□□□□□俊□□宜來裔以蕃昌偕坤」……

（劉松林、朱超龍）

三七

揚州城東北出土。一合，砂石質。誌蓋方形，邊長五四·五釐米，厚一一·三釐米。誌蓋篆書三行九字。誌身斷成兩塊，風化嚴重，邊長六〇釐米，厚一三釐米。誌文二八行，滿行三〇字，字迹多模糊不清。

三八　明故蘇室孫孺人墓誌銘　正德七年（一五一二）十一月二十日

【誌蓋】

亡妻孫氏墓誌銘

【誌文】

明故蘇室孫孺人墓誌銘」

句容黃裳錫祉撰文」

古燕劉端天緒書丹」

廣陵馮時惟中篆蓋」

孺人姓孫氏，揚州人。少服其父母之教，故孫氏仁厚端淑」自有年。及笄，再二年，歸蘇君時熙。君金臺世裔，由先府君」樗庵翁煮海客揚，占揚以居。翁父子門第之勝，家規之嚴，」又克稱。孺人執婦道，必欽戒也。内於夫者三十秋，婉娩且」閑禮，舅姑樂其順聽，孝謹篤至，有人所難能者。然祭祀賓」客，則自有不容掩於姻親交往者之耳目也。君恢大考業，」與凡友善豪俠，締婚上卿，謂全非出於内助，言自不順。舅」姑相繼以逝，每與經三年喪，皆致哀同夫君情。子既冠，有」室，孺人亦爲人母，爲人姑矣。而於私器私假，且不爲焉，聞」者德之。子男二，長禎，娶大司寇翟公之孫女。次祺，娶山氏，」亦法家女。女一，名素貞，蚤卒。孫男三，應祥、應奎、應辰，皆在」襁褓。孫女一，尚幼。孺人宜偕君老，而不應有劇疾，醫氏莫」能奏功，年數止四十七而止，命哉，悲夫！距生天順四年」庚辰十月初十日辰時，以弘治十八年乙丑五月初九日」卒，越正德七年十一月二十日葬於揚州城西善應鄉之」原。禎與予父子以儒家好通，予固知孺人習，禎意欲予銘，」嗚咽不能具狀，予探而銘之。銘曰：」

壽以符德，天道弗誣。德而弗壽，曰理所無。」有美孫氏，德報若貳。神人共悲，鑑我銘誌。」

（劉剛）

三八

揚州城西出土。一合，青石質。誌蓋方形，邊長五七・三〜五七・八釐米，總厚度厚一〇・九釐米，蓋面輕微風化，左上角略殘損，字迹清晰，篆書三行九字，誌蓋內部四周起沿，沿高二釐米，寬三・八釐米，篆書三行七字。誌身方形，邊長六三・三〜六四釐米，厚一一釐米。誌文二三行，滿行二二字。

三九　明静庵處士王君德威（憲）墓誌銘

正德九年（一五一四）四月二十八日

【誌蓋】

大明静庵處士王君德威之墓

【誌文】

大明静庵王君墓誌銘」

江都庠生王鏜撰　揚州郡庠生趙珊書　江都邑庠生吕纘篆」

静庵王君卒於京師，既越月，歸柩於揚，寄比丘尼庵。明年甲戌四月廿八日」葬蜀岡之原，卜其吉也。前是二旬，其妻姪火君坤具事狀，且偕其諸孤泣拜」請銘于鏜。火于静庵，哀禮過常，懷其德也。按狀，君諱憲，字德威，别號静庵，其」先自宋世爲江都人，祖福，父綸。君，仲子也，少聰穎，游郡學有聲，揚衛武略將」軍火公見而奇之，以其子妻之，即坤之大父也。兄蚤世，君獨任幹蠱，不克卒」業，理家治生，勤儉有方，居第凡再遷，每益大。墾江墳地若干，曰：吾以是詒子」保居食。兩應里正役，廉惠諳達，縣令禮遇之。泰龢蕭公于君尤投洽，居常事」視，能養厥志。母徐孺人，前卒，奉諸母孫氏克若父意。兄之子有各食者，間不」自給，君復衣食之。性喜成人之美，宗戚鄰里事有不能辨者，君必力贊之。其」於患難困窮，拯恤尤急，恒以力之所限爲歉。好古事，凡圖畫器具出于古者，」品鑒精當，人不能眩以僞。薄于貨利，年五十，即雅意自適。每無事，輒焚香宴」坐，間涉書史。手植花木，皆清曠幽遠，日游覽以爲樂。至博奕戲玩，澹無所好，」曰：非所以爲子孫訓也。凡君之行，厚于古道而廉于世情，惠于待人而約于」持己，其大率如此。歲正德癸酉，坤之父樂山翁君内弟也有獄事之京，[獨]道」遠艱阻，無可緩急。君以親雅故，且自練達，毅然與俱。既竣事，將歸前數日，偶」疾，遂易簀于慶壽寺之僧舍，實七月二十七日，距生于景泰乙亥十月初二」日，享年五十有九。配火氏，賢明内助。子男三，長璉，娶楊氏，繼娶曲氏。次瓚，娶」陳氏。季瑄，娶鄒氏。女淑清，婿葛儒。孫男二，良輔、伴哥，俱幼，未聘。瑄事軒岐術，」君知其淳明能濟物也。君之卒，斂含之事，樂山實親之，而一狀之間坤尤拳」拳不自能已云。銘曰：」

少始知學，長通於方。吾事既畢，於人亦臧。於虖王君，」懷允不忘。

姑蘇吴琳鐫」

（周贇）

三九

二〇一二年蜀岡怡庭二期出土。一合，砂石質。誌蓋方形，邊長五八・五釐米，厚五・二釐米，蓋頂部局部略殘，保存尚好，篆書四行一二字。誌身一角略殘，邊長五八・五釐米，厚一一釐米。誌文二四行，滿行三九字。

四〇 明故文林郎俞公堯卿（英）墓誌銘

正德十年（一五一五）十一月二日

【誌蓋】

大明故文林郎俞公堯卿之墓

【誌文】

明故文林郎俞公墓誌銘」

光禄大夫柱國少傅兼太子太傅吏部尚書謹身殿大學士知」

制誥同知經筵事國史總裁南海梁儲撰」

賜進士第通議大夫都察院右副都御史致仕海陵冒政書」

賜進士第奉議大夫南京光禄寺少卿前兵科右給事中翰林庶吉士邑人高滂篆」

公姓俞氏，諱英，字堯卿，揚之江都人也。祖父友，父永貴，從」文皇渡江靖内難，以功授昭信校尉、揚州衛百户。公生而穎脱，讀書史，通大義，尤工屬對。」少有志科第，狃于家累，乃白於父曰：弟俊聰慧出英右，可使嚮學，英力能共養，請與弟」傑服賈於外，以相其成。父許之，遣俊爲邑庠弟子員。比親喪，公哀苦襄事，一遵朱子家」禮，孝稱其鄉。已而貲産日裕，甲於一郡，俊之就學，簦笈膏燭之費，皆出於公，賴以卒業。」舉進士，歷官南京刑科給事中，廣東按察司僉事副使，俸不給，公復以私財助之，成其」賢名。俊卒於官邸，公遣其子敖迎柩歸塟。撫俊子敦，俾繼父業，暨其子攻、傑子斅皆遣」遊邑庠，曰：此吾父之志，吾所未竟者也。成化十一年，江北大饑，公輸粟若干斛以佐賑」貸，有司上其事，」賜七品階文林郎。公感」恩思報，益遣傑及子敖、斅、牧皆繼入粟，並授前階。會邊餉闕，公以敏通韜略、善騎射，令輸」粟於邊數益倍，超授揚州衛指揮僉事，番直京伍，數從征伐，累遷爲指揮使。家愈貴盛，」皆由公始。公置田數千畝於邵伯湖之西，築圃于郡之北郭，脱謝家政，日與諸耆宿徜」徉詩酒間以自娱。適則又歎曰：使吾取禄仕，銜」命受任數千里外，安能保躬完名以終有今日邪。弘治壬戌，公年躋七十，兩都諸卿士知」公者，多繪圖賦詩爲壽。越四年，正德丙寅七月三日終于正寢。娶王氏，生子四，是爲敏、」敖、斅、攻。側室王氏，生子一，曰牧。孫六，相、槩、材、桐、本、楫。女孫五，守端、守莊、守貞、守潔、守静。」公没後二年，攻、斅、相以例補國子生，敦舉辛未進士，改翰林院庶吉士，今官刑科給事」中。嗟夫，世之仕者，文武兩途而已。公出武弁、攻文事，其所憑藉以自見，乃深事晦匿，託」于四民，養志食力，卒以終老。而所謂文與武者，並於子弟群從見之，豈材弗能哉。然考」其所自得，亦已多矣。公以乙亥十一月二日葬于金匱山先塋之次。先是己巳，敏奉南京」户部尚書高公狀來京師，需銘于予。狀稱公孝友仁厚，而軒豁有義概。尚書公於公爲」婣家，其言信而有徵，且副使公在吾廣，予實辱愛於門下，因與敏還往最稔，義不得辭。」然諾而未暇，至是六載矣，敏亦卽世，敖復以葬期來告，謹撮其行實之大者，而系以銘。」銘曰：」

謂爲素封，命服在躬。謂爲隱君，一門顯螎。迹不違親，而才足以亢宗。是雖居今之世，而」有古賢達之風。淮海之間，金匱之峰，薶銘玄堂，百世其知公乎。」

（姚施華）

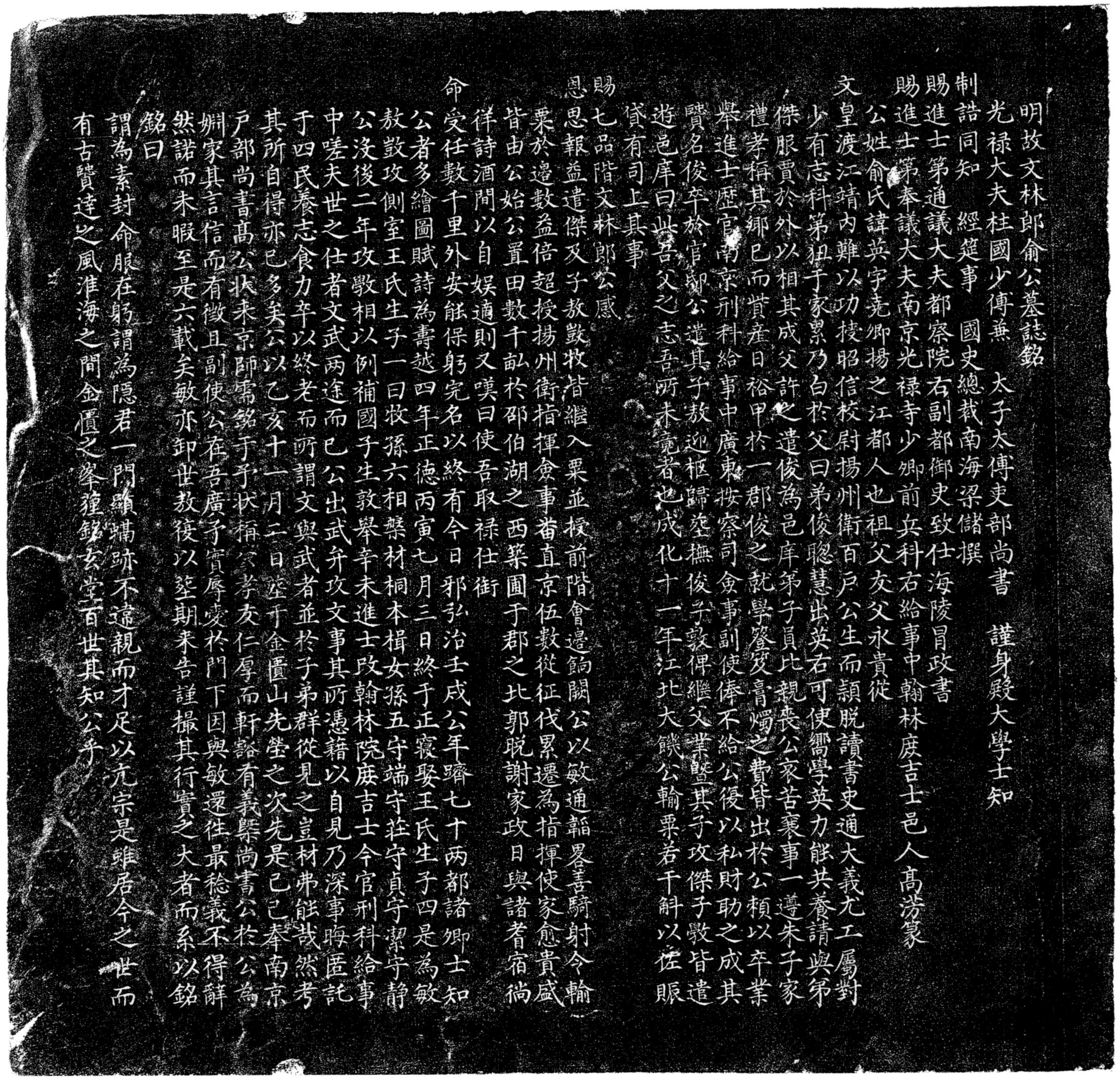
明故文林郎俞公墓誌銘
光禄大夫柱國少傅兼　太子太傅吏部尚書　謹身殿大學士知
制誥同知　經筵事　國史總裁南海梁儲撰
賜進士第通議大夫都察院右副都御史致仕海陵冒政書
賜進士第奉議大夫南京光禄寺少卿前兵科右給事中翰林庶吉士邑人高滂篆
公姓俞氏諱英字堯卿揚之江都人也祖父交父永貴從
文皇渡江靖内難以功授昭信校尉揚州衛百戶公生而穎脱讀書史通大義尤工屬對
少有志科第狃于家累乃白於父曰弟俊聰慧出英右可使嚮學英力能共養請與弟
傑服賈於外以相其成父許之遣俊為邑庠弟子員比親喪公家苦襄事一遵朱子家
禮孝稱其鄉已而貲産日裕甲於一郡俊之就學籩笈膏燭之費皆出於公賴以卒業
舉進士歷官南京刑科給事中廣東按察司僉事副使俸不給公復以私財助之成其
賢名俊卒於官鄉公遣其子敖迎柩歸葬撫俊子敦俾繼父業暨其子攻傑子斆皆遣
遊邑庠曰此吾父之志吾所未竟者也成化十一年江北大饑公輸粟若干斛以佐賑
貸有司上其事
賜七品階文林郎公感
恩思報益遣傑及子敖斆牧皆繼入粟並授前階會邊餉闕公以敏通韜畧善騎射令輸
粟於邊數益倍超授揚州衛指揮僉事畨直京伍數從征伐累遷為指揮使家愈貴盛
皆由公始公置田數千畝於邵伯湖之西築圃于郡之北郭脱謝家政日與諸耆宿徜
徉詩酒間以自娱適則又嘆曰使吾取禄仕衘
命受任數千里外安能保躬完名以終有今日邪弘治壬戌公年躋七十兩都諸卿士知
公者多繪圖賦詩為壽越四年正德丙寅七月三日終于正寢娶王氏生子四是為敏
敖斆攻側室王氏生子一曰牧孫六相桀材桐本楫女孫五守端守莊守貞守潔守靜
公没後二年攻斆相以例補國子生敦舉辛未進士改翰林院庶吉士今官刑科給事
中嗟夫世之仕者文武兩途而已公出武弁攻文事其所憑籍以自見乃深事晦匿託
于四民養志食力卒以終老而所謂文與武者並於子弟群從見之豈材弗能哉然考
其所自得亦已多矣公以乙亥十一月二日葬于金匱山先塋之次先是已敏奉南京
戶部尚書高公狀來京師需銘于予狀稱公孝友仁厚而軒豁有義槩尚書公於公為
姻家其言信而有徵且副使公在吾廣予實辱愛於門下因與敏還往最稔義不得辭
然諾而未暇至是六載矣敏亦卸世教復以葬期來告謹撮其行實之大者而系以銘
銘曰
謂為素封命服在躬謂為隱君一門顯蝺跡不遠親而才足以亢宗是雖居今之世而
有古賢達之風淮海之間金匱之峯獲銘玄堂百世其知公乎

揚州城西出土。一合，花崗岩。誌蓋方形，邊長七一·五釐米，厚一五·五釐米，蓋面篆書四行一二字。誌身方形，邊長七一·五釐米，厚一五·六釐米。誌文三二行，滿行三四字。

四〇

四一　明俞（英）孺人王氏（妙貞）墓誌銘　弘治六年（一四九三）八月二十二日

【誌蓋】

故俞孺人王氏墓誌銘

【誌文】

明俞孺人王氏墓」

賜進士出身試户部尚書政眷生高濟撰文」

賜進士出身中憲大夫貴州按察司副使同郡李紀書丹」

賜進士出身中順大夫知浙江台州府事郡人馬岱篆蓋」

弘治癸丑夏，濟蒙」恩展省，途次濟川，偶俞崇學敏輸粟山東，荷」璽書，拜千户，蔭襲三代。歸，三月庚戌，母孺人以疾卒。卜協秋八月二十」二日甲申，葬袝金匱山先塋，屬鄉進士金君琇爲狀詣予，泣拜請銘。」濟於敏執友，累世姻舊，義不可辭，迺按狀序而銘之。孺人諱妙貞，姓」王氏，世籍江都。祖思忠，父文貴，夙敦善舉，世爲德門。母余氏，生孺人，」簡易而和，仁厚而明，幼服内則於孝經、烈女傳能識大義。及笄，擇所」宜歸，得揚州衛中所百户先侯永貴之次子英堯卿配焉。侯性毅行」方，風裁凜凜不可犯，以勲爵肅振衛總，受知於當世顯者，推爲法將。」而堯卿負偉器，於少行脱穎，足以恢詣名胄。侯固曰，昌俞氏者必英」也，故婚以孺人之賢無重辭，侯配張夫人，凡五十季而二姓克合。孺」人敬事不違，顧時需未裕，自躬炊爨。能養志，終舅姑之世，稱不容口。」堯卿有弟曰舜卿、漢卿者，舜卿業儒，堯卿率漢卿極力綜理於外，而」於舜卿學程督尤勤，肆登丙戌進士，歷官廣東按察副使，卒，［旅］」櫬歸」葬，且厚撫諸孤如己出而慈保之，是皆孺人相之之力也。且孺人居」閫門，使其剪製縷結者盡女紅之巧，主中饋者適豐儉之宜，業［儒術］」者有勞勉之戒，從商賈者無返顧之憂，安嫠恤孤，曲成以恩愛教益」之美，而宗人目之曰女君子，允哉。距生年宣德癸丑十月初一日，」壽六十一歲。子男五，長即敏，次鏊，次敳，次攻，補邑庠弟子員，次攻。孫」男二，女一，聘火［氏］」。於戲，自孺人于歸始，克夫成家，富甲賈市，文顯武」裔，德馨奕舃，啓裁後人，而於内相之力居多，其不可銘哉！銘曰：」

婦德之恒，母道之貞，唯貞唯恒，是爲善終。」卒曰土歲，葬曰金匱，土占坤德，金乃乾地。」金土爾宫，乾坤閤精，百世丕顯，武弁文纓。」

（姚施華）

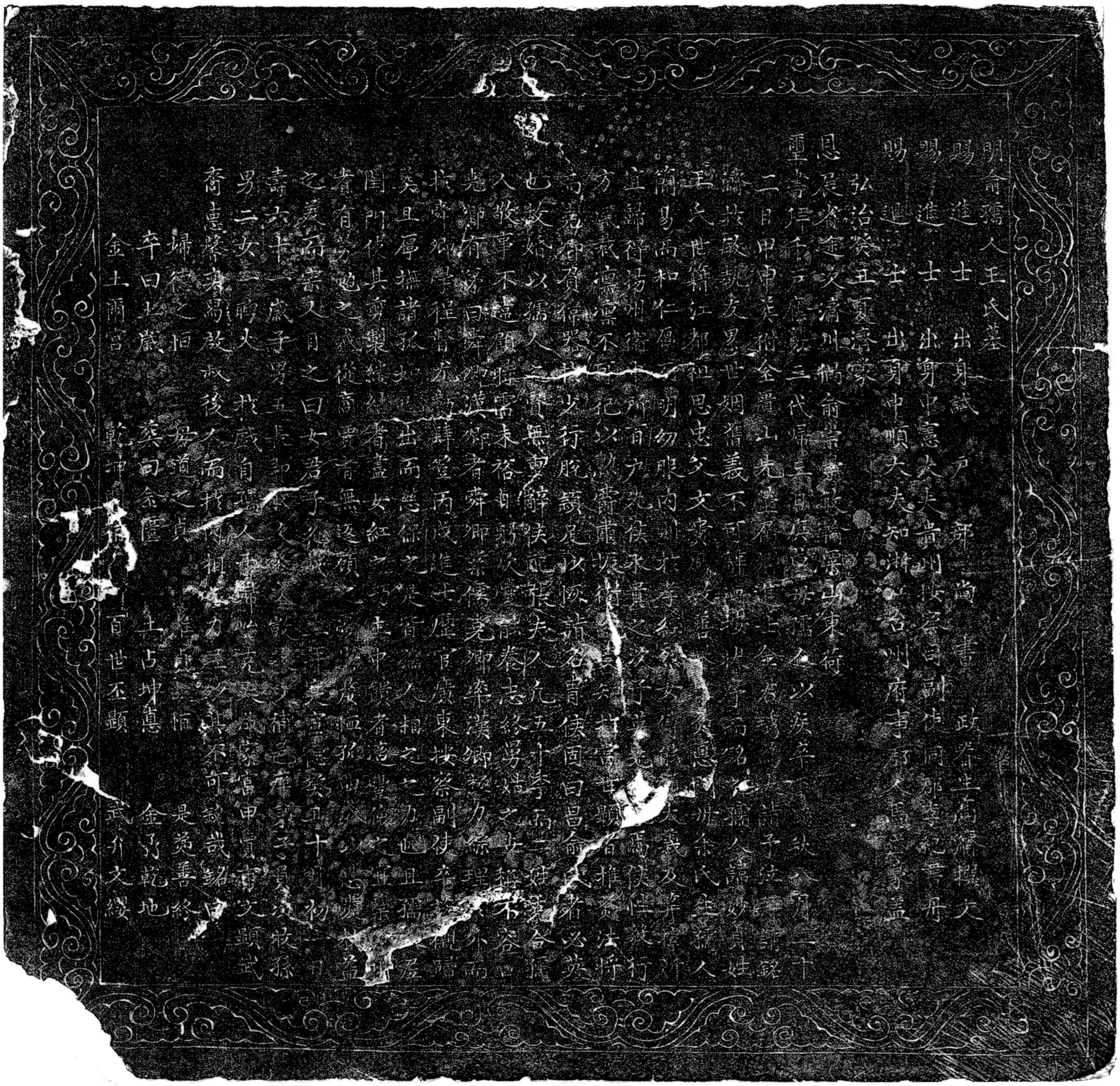

四一

揚州城西采集。一合，青石質。誌蓋方形，邊長六一釐米，厚七・八釐米，周飾雲紋，篆書三行九字。誌身方形，邊長六一～六二釐米，厚八釐米，周飾雲紋，表面有斑點，部分字迹漫滅。誌文二八行，滿行二六字。誌主王妙貞，前誌俞英妻。

四二　明給事中俞君舜卿（俊）妻崔氏（文）墓誌銘

成化六年（一四七〇）三月三日卒

【誌蓋】

給事中俞君舜卿妻崔氏之墓

【誌文】

給事中俞君舜卿妻崔氏墓誌銘」

賜進士第南京行人司左司副前翰林院檢討江浦莊泉撰文」

賜進士第南京兵科給事中長汀周旋書丹」

賜進士出身南京大理寺左評事前翰林院編修蘭谿章懋篆蓋」

崔氏諱文，揚州人，南京刑科給事中俞君舜卿妻。崔氏歸」舜卿三日而疾，迨於今十年矣，竟卒。始其病亟也，舜卿治」余議，每及其不可藥，輒曰：吾妻乃至是哉！言既，涕泫然出」不能已。余問之，曰：天下賢婦人不易言，吾家婦人惟吾妻，」吾揚婦人亦惟吾妻。婦人不聞道，以悍妒爲常也。吾妻以」疾故，弗克子，每與吾論及是即泣，以告曰：子之昏於妾者，」後計也。今也使子負無後名，妾罪已。買□事其可稽邪？吾」甚哀之，然亦不能不自哀也。暨妾歸，遂相與雍睦如同氣。」他日俞氏之先，使能不爲若敖氏之餒鬼者，吾妻之力也。」且事吾先母恭甚，處外內有禮，素儉朴，華靡無所悦，吾賢」妻也。苟不起，主吾饋者，復有吾賢妻哉！又曰：吾妻性通敏，」厥翁通判甫教之，讀女教諸書至古之某婦人貞也，某婦」人孝也，某婦人賢也，輒解以語之，必曉然而後已。未及笄，」即以孝謙聞。故歸吾家而能若是者，蓋不徒然也。成化庚」寅三月三日卒，享年三十有五。舜卿將以其柩歸葬於先」塋之側，持地官主事馬君伯瞻狀來乞銘。余稔聞舜卿言，」觀伯瞻狀如舜卿，舜卿磊落人，必不妄譽其妻，吾伯瞻又」豈徒妄譽人之妻者哉？可信也，遂銘。銘曰：」刊溝之墟，纍纍其墳。彼無良者，孰貞余文。」

（趙静）

四二

揚州城東出土。青石質，一合。誌蓋方形，邊長五六～五七釐米，厚七・五釐米，四周飾卷雲紋，篆書四行一二字。誌身方形，邊長五六・二釐米，厚七・八釐米，表面風化，部分字迹湮滅。誌文二三行，滿行二五字。誌主崔文，俞俊妻。俊（舜卿），前誌俞英（堯卿）弟。

四三　明故俞(俊)恭人成氏墓誌銘　弘治十八年(一五〇五)

【誌蓋】

明故俞恭人成氏之墓

【誌文】

明故俞太恭人成氏墓誌銘」

賜進士出身通議大夫南京禮部右侍郎前翰林院侍讀學士」經筵講讀同修會典西充馬廷用撰文」

賜進士出身徵仕郎吏科右給事中郡人徐昂書丹」

賜進士出身文林郎南京浙江道監察御史人盧瀚篆蓋」

弘治十七年，歲在甲子，閏四月一十有八日，前廣東提刑按察司副使俞公舜卿之繼娶恭」人成氏，疾大漸，一日，領其子敦而告之曰：汝父没，吾義當從死，所以忍死者，以有汝在耳。今」得相從吾夫君於地下，吾閉目矣。言訖而卒，敦攀號幾絶，含斂如禮。逾年，將扶恭人柩，啓公」穴而合葬焉。蓋公謝世已久，墓在祖塋金匱山之次，遵遺命也。先□公娶崔氏、側室楊氏，俱」卒。子男二，敷、敞，皆楊出也。敷僅成人早逝，而敞又得痼疾苦甚，惟敦得奉恭人於堂上，縈縈」隻立。兹者不幸，重遭大故，痛不可言。乃請於其鄉袁南京工部右侍郎高公宗選手狀恭人」行實，托予爲銘之，而納諸幽。予雖不及見恭人，而宗選與予相知最厚，言有足徵者，曷容辭。」按狀，恭人世爲江都著姓，父敬，母林氏。恭人生而婉娩柔順，女紅之事不學而能，少爲父母」所鍾愛，閨壺嚴肅，雖宗親莫得見其面者。將笄，時副使以南京刑科給事中有僉事之擢郎，」具禮往聘之。恭人隨任廣東，撫二子若己出。公治事於外，恭人嚴扃鑰，縮俸廩，一薪水之餘，」盡日不聞有喧譁聲。公還，從旁叩其所從歷，每以摧奸剔蠹、節財裕民爲勸。士夫過者，具蔬」菜醪醴爲公延款之，客去，門户蕭然，惟一童子供役而已。公用是得專意於所司，茂著政績，」轉副使兵備欽廉。時苗獞弗靖，公以恩德綏來之，皆有成效，恭人助也。因考績取道，挈妻子」還江都，單車復任，而訃音至矣。恭人自是脱釵鈿，終身不復衣華采，四時伏臘必躬自烹庖，」精潔而後享焉。一切燕享歡娱之會，不入於耳。於痼疾子，累求醫藥，且爲婚配，冀萬一得延」其嗣。此尤人情所不堪者。嘗憶副使公殁時，敦才四歲耳，呱呱□抱，語及輒泫然流涕曰：此」俞氏一息也，手澤遺稿尚有存者，天道有知，所以顯揚門户而紹續先人者，安知不在於吾」兒邪？逮成童，即遣游邑庠，延師友以教之，凡束脩紙筆衣糧之費，一不以累敦，俾得大肆力」於學。夜則篝燈紡績以資辛苦。敦才優學贍，所就尚有未可量者，論者以恭人有畫荻剪髮」之遺風。問者火發鄰舍，群情洶洶，恭人輒曰：未亡人孀居教子，恪守婦道，彼蒼蒼者曾不鑒」邪？平居處事，亦多類此。得壽五十，距其生景泰乙亥五月十六日也。子男一，即敦，娶張氏。女」一，適蕭集。嗚呼，《禮》言内則，《易》載女貞，若恭人，可謂兼婦道母儀而無愧者矣，況乎有子績學，」駸駸嚮用，俞氏之澤其未艾哉！銘曰：」婦人之義，從一以終。堅貞弗渝，以振頹風。偉哉夫君，」中道而殞。五内分裂，遺孤煢煢。既有經史，復有田廬。」睠此一息，趨蹌座隅。席珍待聘，以承先業。冥漠有知，」庶幾慰悦。江都故里，雲樹蒼然。穹碑高冢，惟以永年。」

盧陵王利銘鐫」

（劉松林）

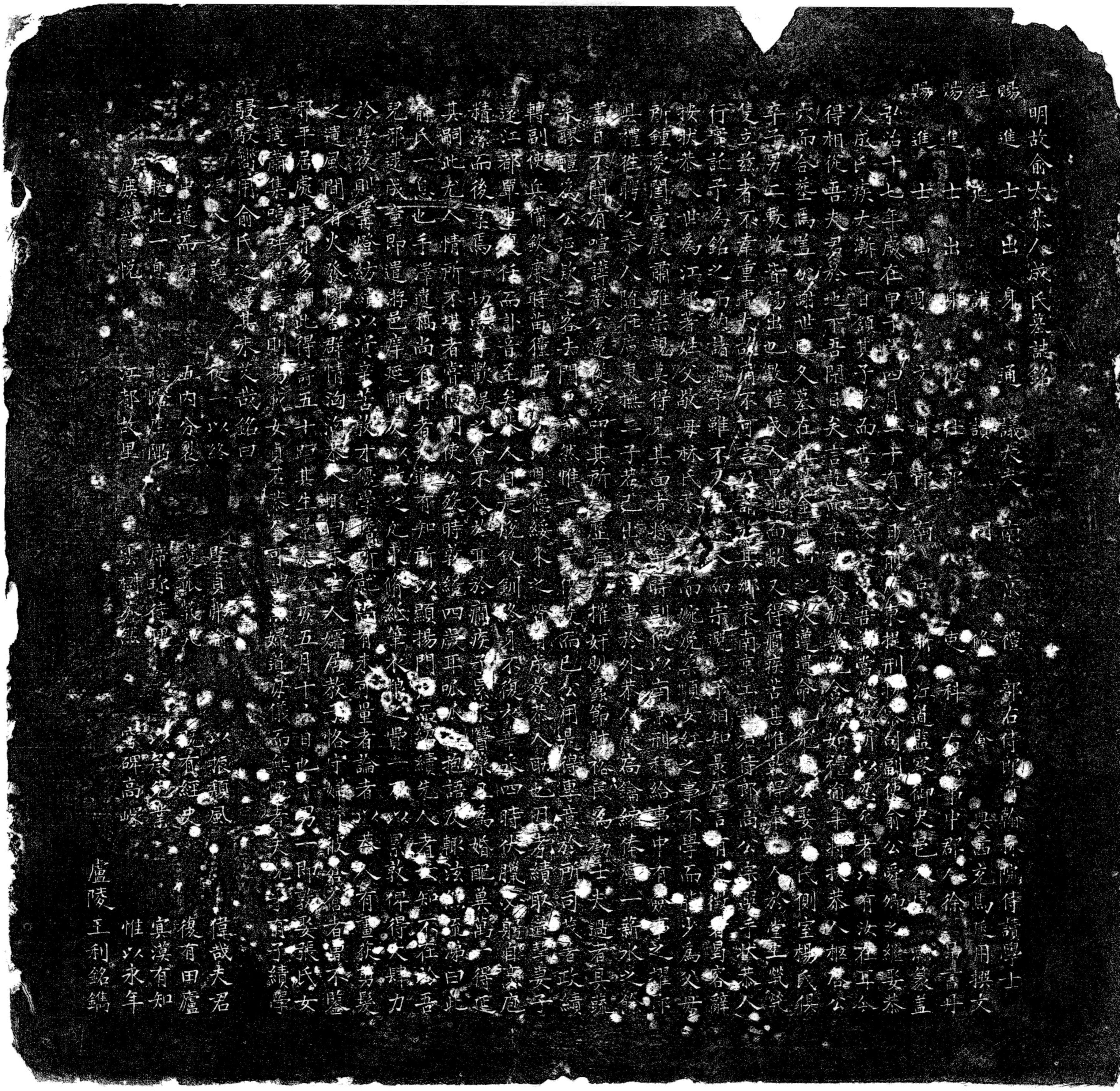

四三

揚州城西出土。一合，青石質。誌蓋方形，邊長六二・七釐米，厚一二・四釐米，蓋面風化，有斑點狀石疤，篆書三行九字。誌身方形，邊長六二・五釐米，厚一二・三釐米，表面風化，有大量斑點狀石疤。誌文三三行，滿行三五字。誌主成氏，前誌俞俊繼配。

四四　明故揚州衛指揮使俞君（敏）墓誌銘

正德十年（一五一五）十二月二日

【誌蓋】

大明故昭勇將軍俞公崇學徐氏恭人合葬墓誌銘

【誌文】

明故揚州衛指揮使俞君墓誌銘」

賜進士出身朝列大夫廣西等處承宣布政使司右參議江都左唐撰文」

賜進士出身亞中大夫山西承宣布政使司右參政邑人王軏書」

賜進士第朝列大夫廣東承宣布政使司右參議前户科左給事中泰興徐昂篆」

俞君没後二年，乃弟敖持郡庠王君遷所爲狀請銘。予與君世好也，未敢辭，則序」而銘之。君諱敏，字崇學，其先遼陽人，祖永貴，永樂初以征討功受揚州衛中所百」户，因家焉。父英，挾猗頓之術，資雄一鄉，倜儻尚義，爲縉紳所重。君其長子也，天資」穎悟，能飛白行書，略涉子史，知大義，談今古成敗得失，歷歷可聽。膂力絶」人，尤長」於騎射，聞邊烽有警，時鳴劍抵掌，奮然有報效之志。季父憲副府君嘗奇之，曰：此」子它日其以武功亢吾宗耶？屬山東旱饑，募人入粟，受職蔭及子孫，」君欲藉是以」進，乃輸粟八百餘石，得本衛所千户銜，承檄京操，從參將楊玉往榆林征虜，險阻」備嘗，膽氣益壯。廣西思恩酋長反側，總兵毛公雅聞君名，奏討爲參」隨賫旗牌督」哨。時參將金堂有謀略、知人，與君語，即契合，間用其籌策。君亦親臨戰陣，多獲首」級，遂以功陞指揮同知。廣東十三村猺人弗靖，君復隨韋大監」往征，所向有功。以」君善騎也，遣報捷。」欽賜綵衣楮幣，進指揮使，月支試百户俸，人咸榮之，君曰：吾燕北越南奔馳十數年，」而始得此耳。會都御史應城陳公」建節兩廣，以君爲奇士，挈以行。至則馬平諸猺」聚亂，君隨哨進剿，水行露宿，身不解甲者數旬，直抵山砦，斬獲劇賊，給賞銀牌，幕」府上功次。遭逆瑾用事，繩以」吏法，謫戍肅州，流離辛苦，人所不堪。君談笑處之，略」無瘁色。至肅，劉東山在焉，朝夕接見，受其教益爲多。未幾，有」詔放還，尋復舊職。初被謫，厥配徐氏以」後嗣爲慮，乃自領家事，而娶揚之吕氏與偕」往。徐復卻容飾，服勞茹苦，每夕禱北辰以祈保全。比還，徐卽世幾月矣。君自是欝」欝不樂，越二年，以疾卒於正寢，」寔正德癸酉十二月初一日也，距其生天順丁丑」九月十二日，享壽五十有七。子男一，本，吕出。以乙亥十二月初二日葬金匱山祖」塋，與徐合焉。君爲人，大率類」湯胤績，平生履歷亦不相遠，但彼身膏草野，君全歸」牖下，差爲勝之。遺孤在襁褓，又得弟敖之賢，撫視若己子，以需其成立，寧復有遺」憾哉。銘曰：」

學成楚劍投班筆，炎風朔雪飽經歷。手刃悪猺親獻馘，綵服天光焕褒錫。」中路數奇魯見屈，武臣丘首保終吉。蕪城之西金匱崛，偃蹇松楸翳蒙密。」弟領遺孤萬事畢，伉儷千年安此室。」

（魏旭）

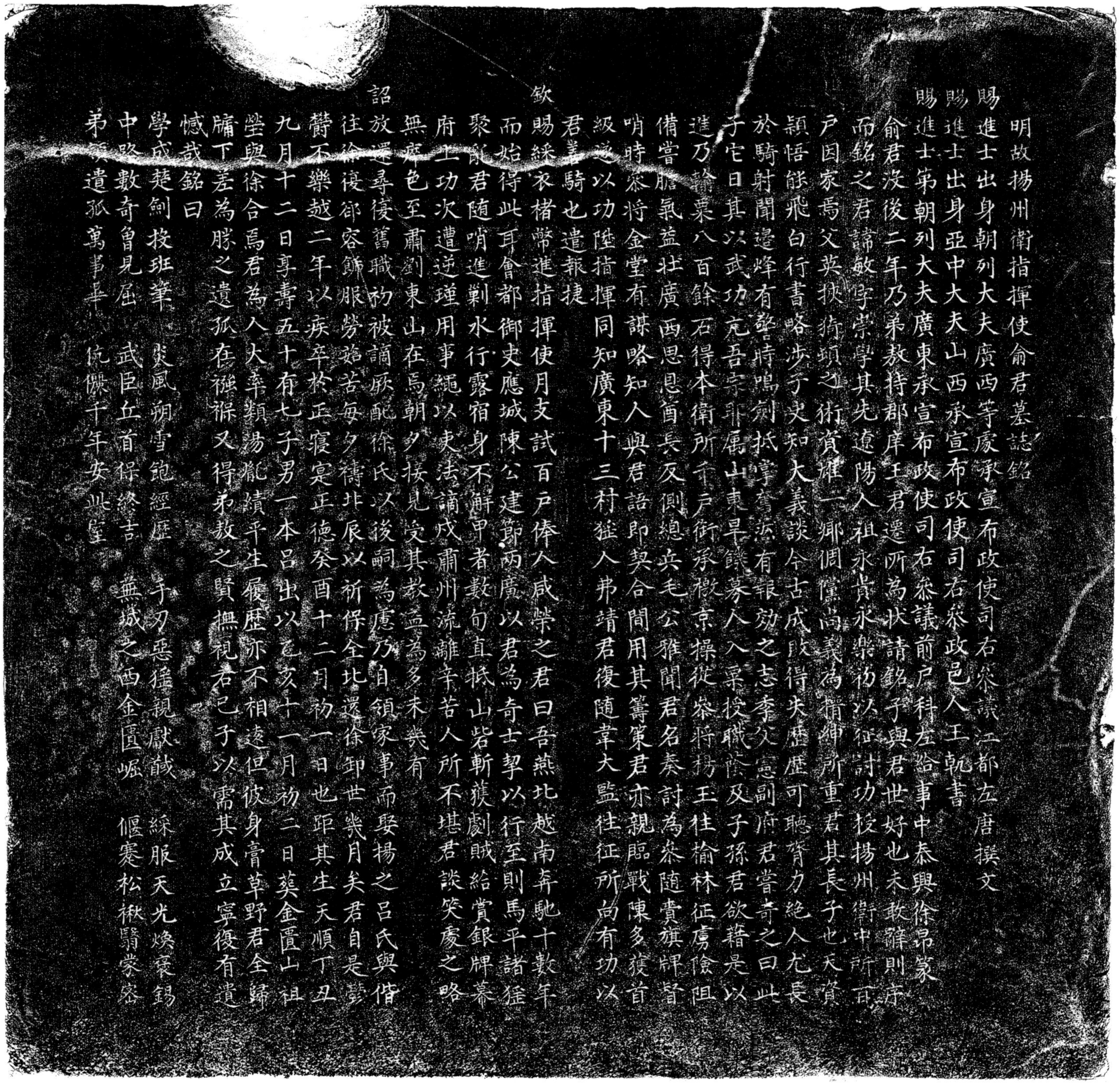

四四

揚州城西出土。一合，青石質。誌蓋方形，邊長六二·三釐米，厚一二釐米，蓋面篆書五行二〇字。誌身方形，邊長六二釐米，厚一一釐米，保存較好。誌文三〇行，滿行三一字。誌主俞敏，前誌俞英長子。誌蓋云「徐氏恭人合葬墓誌銘」，而誌文罕言徐氏，疑或別有一誌。

四五　明嚴世茂與其配李氏合葬墓誌銘

正德十五年（一五二〇）三月二十四日

【誌蓋】

明故嚴處士純庵孺人李氏墓

【誌文】

明故嚴君世茂與其配李氏合葬墓誌銘」

賜進士出身中憲大夫山東提刑按察司副使邑人趙鶴撰文」

賜進士出身亞中大夫廣東布政使司左參政邑人左唐書丹」

賜進士出身亞中大夫湖廣布政使司左參政邑人葉相篆蓋」

嚴君世茂，以正德九年甲戌十二月二十六日歿，未克葬。越五年，正」德已卯五月二十四日，其元配李氏又歿。又越明年，厥孤太學生仁」始得吉卜，舉祔於城西善應鄉之新塋，爲正德十五年庚辰三月二」十四日也。先期，仁以太學生王于喬所爲狀來請銘，鶴往歲嘗銘君」之父景華翁。其先乃浙江寧波之奉化縣人，國初從征，始屬揚州衛」軍籍，後以丁賦入江都縣，又屬民籍。娶魏氏，生長子盛，盛即世茂君，」此世茂君之所出也。世茂君雅性質儉，不好浮靡之習，幼雖育闤闠，」既長，多在田野，課耕勵種，能趨時致力，故雖涉歉歲而利入亦倍他」室。然視他室有乏時，出庾秉，春補秋助，通接其食用，略無緩滯，以故」雖穰歲亦無留積焉。與人交，不虛假以辭色，尤慎然諾，歸諸信而已。」女許厲氏子敖，將婚，敖忽瞽。敖父母慚恚，請辭婚，君不可，曰：吾爲女」擇壻時不瞽，今將嫁而瞽，雖敖之命，亦吾女之命也，且忍使敖終無」妻養也耶？竟歸女厲氏，逮今十年，婦職克修，夫疾有養，穆如也。嗟夫！」自禮教衰，人不安義命，有許約遇小利害輒背者，往往而是，況於所」謂男女婚姻、好惡之重者哉，人以是知君之賢遠於人也。君不甚學，」喜接文人賢士，兹之舉雖天資之合，亦其熟聞道義之説，有不可誣」者，人其可無學問之益哉。李氏爲揚名家女，蚤聞姆訓，又及教於其」姑，故内行和備。歸厲氏，女尤盡贊決之力，其可稱也已。男子一，即仁，」娶馬氏。女子三，長適許文奇，次適生員李楷，季即歸厲氏者。男孫二，」整、肅。女孫二，許黄耀、殷三仁。銘曰：」

君質儉，能好文。殖農業，時以勤。重交與，信義申。」考令終，逾六旬。嚮新阡，祔元嬪。時日良，庇後昆。」

姑蘇潘貴鐫」

（秦宗林）

四五

二〇一六年邗江區楊廟鎮楊廟村（泰和佳園小區外西北角）出土。一合，青石質，誌蓋方形，邊長五八釐米，厚一〇釐米，誌面篆書三行一二字。誌身邊長五八釐米，厚一〇釐米。誌文二七行，滿行二六字。

四六　明敕贈刑部主事葉公（萬）墓誌銘　正德十五年（一五二〇）四月十五日

【誌文】

敕贈刑部主事葉公墓誌銘」

賜進士出身嘉議大夫南京兵部右侍郎同郡宣州黃獻撰」

賜進士出身正奉大夫江西承宣布政使司右布政邑人□□□□書丹」

賜進士出身通議大夫湖廣提刑按察司按察使邑人蜀岡盛儀篆」

余退省雪洲，同郡秋官葉子觀愀然其容，持狀謁余，謂曰：先君子歿五年矣，鄉先進誌銘□莫先生」若，□時禁嚴，弗遂登堂，虛誌以待久矣，願卒有所請。余重秋官之望，且諳封君之素義高德，謹按狀，」君諱萬，字楚榮，號樂庵，其先浙之婺州人，姓樓氏，本東樓公之裔也，在宋爲豐族，始祖□□卜居義」烏之東青。高祖昌九，曾祖亨六，祖英七，娶祖妣葉氏，生父崇，十三年，繼母舅葉思銘後，遂姓葉，諱賢。」思銘公以鄉進士任兩淮都轉運鹽使司同知，攜賢隨任，後致仕。□□賊猖獗，遂籍江都焉。正統十」四年變，賢出粟助邊，授揚州衛左所副千户，娶蘇氏，生子五，君其第五子也。君□□□里，爲嬰兒，嘗」墜樓不死，又墮水不死，父顧君曰：昌吾家者，其此子歟？長，迺美髭髯□□□□□□雅重寡言笑，」心坦然無私曲，□然□□在中，遇人無衆寡貴賤，必以誠，□性峭直而能容人之非，□不喜矜誇，未」嘗以所有先人。少攻舉子學，父以□疾奪其志，遂業於賈，□見義而不見利，其交易以道，不能遂市」井小兒輩。居常讀書，好閱三國志，喜□書法，彬彬一儒生焉，四方之客多敬信之。天賦孝友，父母衰，」冬爲暖室，夏潔涼榻以居，有所欲，竭心力奉之。臨喪，哀悼成疾。事諸兄，能各得其歡心，田園之腴，財」貨之豐，任其析取焉。無藉妻子，其藏一錢□婦交□□婢□。教諸子曰：孝悌□身，忠信存心，謙恭待」人，勤儉守業，不肖者反是。□語觀□□文正□□□□人，父子同心，予力雖不□□□衆若親友之」乏者，亦量力周之，故□以□□□□久盡負之，□□□也。以馬借人，其人私售，□□較也。又不喜言」人過，嘗秋收，納者夜盜租錢燔，聽□□曰吾謹其後耳。□人服其行，至有不敢以不義聞者。及觀登」進士，授官刑曹，訓曰：守法奉公，用刑平恕。鄉人有以田土投獻者，辭曰：吾兒幸叨一職，本分之外，敢」增毫末耶？識者稱其德器天成，雖賢士大夫何以加焉。配高氏，贈工部主事高公欽之女。生子四，長」即觀，娶婦蕭氏。次覷，婦黃氏。次覲，婦姜氏。次現，婦袁氏。女三，長適郝梁，次陳鎰，次火□。孫男五，必孝、」必友、必忠、必□、必讓。孫女六，皆幼。君生於成化三年五月十又八日，卒於正德十有三年十二月廿」又二日，享年五十有二。卜十五年四月壬申之辰，安葬於蜀岡禪智寺之西原。嘉靖元年，推贈刑部」主事。於戲！以君之深德厚積，宜獲遐齡，顧僅免於夭者，其非命歟？其非命歟？余固知君後之必昌，昌之必大，不特如斯已也。遂歛衽誌之。銘曰：」
孝友克家，信義行己。碩德雅量，表正其里。過庭訓成，祀曰有子。有子而昌，姓宜復始。」
吴郡吴國臣刻」

（朱超龍）

二〇一一年邗江區佳家花園二期出土。誌蓋不存，青石質。方形，邊長八三・八釐米，厚一〇・八釐米。誌文二七行，滿行三八字。按，本書有三樂庵，一見此誌，樂庵葉公（萬），生成化三年（一四六七）；一見明恩榮壽官樂庵史公（孝彰）配錢孺人墓誌銘，錢氏生成化十六年（一四八〇）；一見明樂庵翁墓誌，生宣德四年（一四二九），當係三人。

四六

四七　明葉覲墓誌銘

嘉靖十四年（一五三五）十二月庚申

【誌文】

□□□□□□墓誌銘

賜進士出身亞中大夫太僕寺卿致仕邑人蜀崗盛儀撰」

賜進士出身中順大夫浙江杭州府知府石橋方岑書」

賜進士出身奉訓大夫户部員外郎回龍高遷篆」

□□□竹西憲副國光爲儀男履同外舅，致仕家居，一日過儀，出其所狀乃弟覲國儀君行實，」囑□□□銘。狀文而核，且竹西素以忠信著稱中外，儀何能辭？

按狀，葉氏世爲浙江義烏東青」□人，系□東樓公後。高祖亨六，曾祖英七，娶曾祖妣葉氏，生祖賢，出繼母舅葉思銘嗣，遂因其」姓□□□。思銘公以鄉進士授前軍都督府經歷，陞兩淮都轉運鹽使司同知，□□官得賢□」□因□賊猖獗，□不克歸，遂籍江都。應募入粟，授揚州衛左副千户。娶蘇氏，生父，諱萬，今封君」公□□兵五子，公其少也。以其子憲副覲初任刑曹，□□贈刑部主事。母高氏，封太安人。生四」子，伯觀，憲副，仲國徵靚，叔即君，季國昭現也。君少多病，力不任耕讀，封君命從事於賈，□□□」□□□無□□强健，遂居貨於東關，交日廣而財亦充。然喜遊□好施予，積而復散。幼時，鍾」□□□父母、大父母終，哀毁痛切。封君疾篤時，君□□侍湯藥不怠。太安人嘗病瘠，君卧起扶」□，既而病□，君之力也。致敬伯父，歲時儀物加隆。處兄弟間能□友，于財用相通。外祖母高氏」□□之養，君月有給而歲是繼。尤重朋友之情，邑中方氏子，兵家也，與君約爲婚姻，有□□□」者□君寒盟，君不聽，竟以女妻其子。鄰舍生誤聽術□言，□君所居□於不□□□□□」□□□之争，爲詩文贈焉。處事復諳大體，妹□郝生染疾篤，無□君□勸其□□□□□□□」□交遊四方之客，先禮義而後財貨，其有涉□□□者，輒□絶之，卒無後□。姜氏初□□□」揮使潮女也，生子一，必友，女二，長適方應鵬，次張□。必友已□□□君篤之與禮□□□疾而」封君痛其蚤逝無嗣，哭悼過慟，病發，三日遂卒，□相距五十日爾。君生於弘治壬子七月十有」□日，卒於嘉靖辛卯十月念有一日，壽僅四十而已。竹西既悉其狀，懷□□□□□外，所」以侍先君疾及供母太安人養者，多賴諸弟。無何，覲弟已不存，□□之所存宜壽而竟□□□」□共悼之，非覲私也。覲哀其無後，乃奉母太安人命，告于祠堂，以覲季子必健爲之嗣，□其世」世祭嘗焉。卜今乙未歲十二月庚申日，命其子必健奉其父柩，葬於蜀岡禪智寺西北，祔先」封君公兆也。即以其長子必大從葬於塋域之左。生免□骨，其惟銘□□□。銘之曰：」

□壽而壽，惟慶之留。無後而後，□□之庥。文武□□，信義優優。孰謂名深，而□遺□。」

（閆璘）

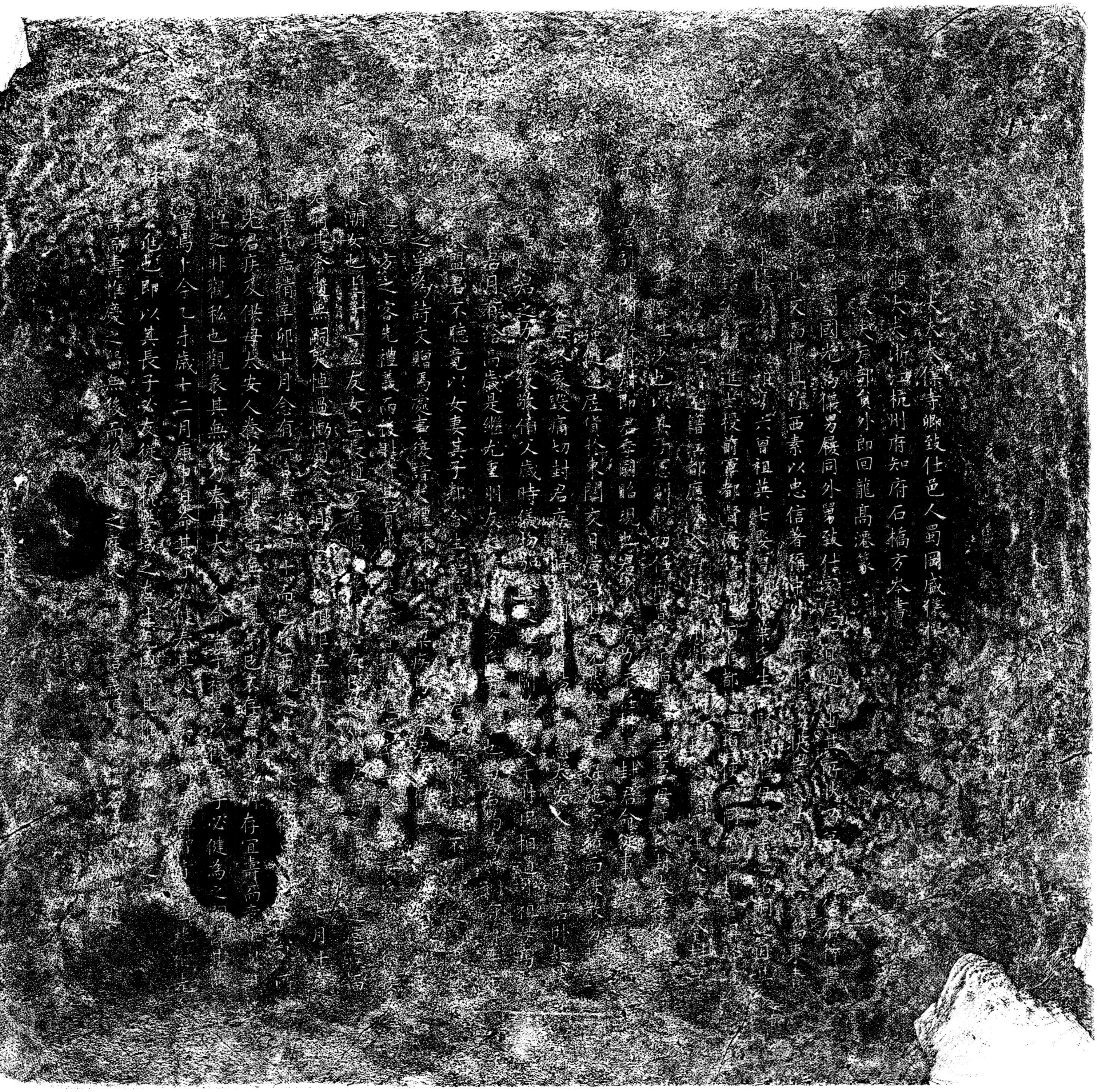

四七

二〇一一年邗江區佳家花園二期出土。僅存誌身，青石質。方形，邊長六三・五釐米，厚一二・三釐米。誌面風化，部分文字模糊。誌文二六行，滿行三八字。誌主葉覲，前誌葉萬次子。

四八　明故壽官逸樂盛公（宗）孺人薛氏合葬墓誌銘

正德十六年（一五二一）二月十三日

【誌文】

明故壽官盛公孺人薛氏合葬之墓」

明故壽官逸樂盛公孺人薛氏合葬墓誌銘」

賜進士出身中憲大夫山東按察司副使從子盛儀撰」

賜進士出身中憲大夫通政使司右通政郡人安金書」

賜進士第中順大夫湖廣岳州府知府郡人王儼篆」

公諱宗，字自承，逸樂其別號也。其先浙之慈谿人，四世祖得名府君以尺」籍隸揚州，遂世居焉。曾祖子員府君，祖彬府君，父安義軒府君，母陸氏夫」人。盛氏舊爲巨族，世以積善聞。徙揚初，即以恒産世德遺後。至義軒，益振」其業，篤其[社]。陸孺人慈懿勤儉，實相成之。公生而質直誠篤，幼年學力穎」敏，長於□翰□□焉，奪於家政，弗克卒業。乃去而適遊四方，覽其名勝，」遇適意處，率紀以[詩詞]□交一□□率久而益□□追憶之。家居惟事田」業，督佃作，課耕獲，未□而起，循行阡陌，不少自逸。治家以嚴，子弟敬憚。韋」衣疏食澹然，無它嗜[好]。家人或其美饌華服，□痛斥之。中年遭義軒及陸」夫人喪，□□弟封君「静」樂公共治大事，無舛于禮。静樂公蚤遊邑庠，公每」資給之。晚歲□□居恒遊觴酌，愛篤于初。評及人物，淑慝必追論其上世」□徵□□□□。□於惡惡，或至唾詈不置，人以爲無它腸，亦少有怨之者。」□□貧民終□仰給于公，踵接□□不厭，親戚以窮歸，如薛君禮輩，公分」□□□□年歲而公以□□有司承」□□□□□□禮存問□□□之□□□門自守，歲時親識，亦□□□□飲。」（以上前石）……」□□□□□□□□□□□□□詩詞□□□□□都□聰年八十有四，以」□□正德丁丑四月十日也，生於宣德甲寅六月十一日。先是，公得末疾，」□□延□□□□□之曰：吾壽踰八十，尚不知命乎！或諷以仙釋祈禱，公」□曰：果然，則□黄皆不死矣，識者韙之。配張氏孺人，蚤卒，無出。繼薛氏孺」人，柔和貞靖，不苟言笑，事舅姑能執婦道。姑心慈性嚴，少不當意，必面譴」不貸。孺人竦惕聽受，□□見于顔面，俟復常乃退。親操中饋，日以爲常。敦」尚朴素，佐公勤儉，白首閨閫，無故不輕出。事公敬順，公或以事見怒，孺人」默無一言，老而彌□□□封安人董氏，禮遜雍睦，終身不衰。正德丙子」十二月十三日以疾不起，距其生正統辛酉六月十日，得壽七十有六。卒」□□□一年。生子一，即儒，承家克肖。女一，適揚州衛千户吴璘，冰玉著譽。」孫女三，長適海門李舉人孫繼先，季受聘揚州衛李百户冢子堅，仲未字。」儀於公及孺人爲從子，少時，公每奇儀曰：吾家世德，其將始發於子也乎？」歲辛未，儀以御史僉憲山東，過家將别，孺人垂泣謂儀曰：它日子歸，或將」不及見我矣。自是六七年後，孺人及公之喪，儀果於宦邸聞訃，爲位而哭，」以不及永訣爲痛。誰意己卯歲先静樂公相繼物故，儀始以奔喪歸，得哭」柩前。踰年庚辰十一月十九日，兄儒方舉公及孺人柩，合葬蜀岡祖塋之」次，與先公冢□昭穆。又踰年辛巳，先母安人繼終。又再踰年爲嘉靖癸未，」始得通政楊公實夫爲銘。先公先母墓，儀承兄儒命，亦輒誌公及孺人始」末，而抆淚爲之銘，通命工刻石，各納諸壙中，實其年二月十三日也。銘曰：」

維我盛氏，世聞種德。傳至義軒，益培其植。公守其成，」心良行敕。遊客索詩，耕夫待食。國褒耆壽，鄉仰遺式。」有媲一人，允稱内則。白首同歸，義軒祖域。静樂封君，」昭穆翼翼。潛德幽光，載此銘刻。」（以上後石）

（劉松林、劉剛）

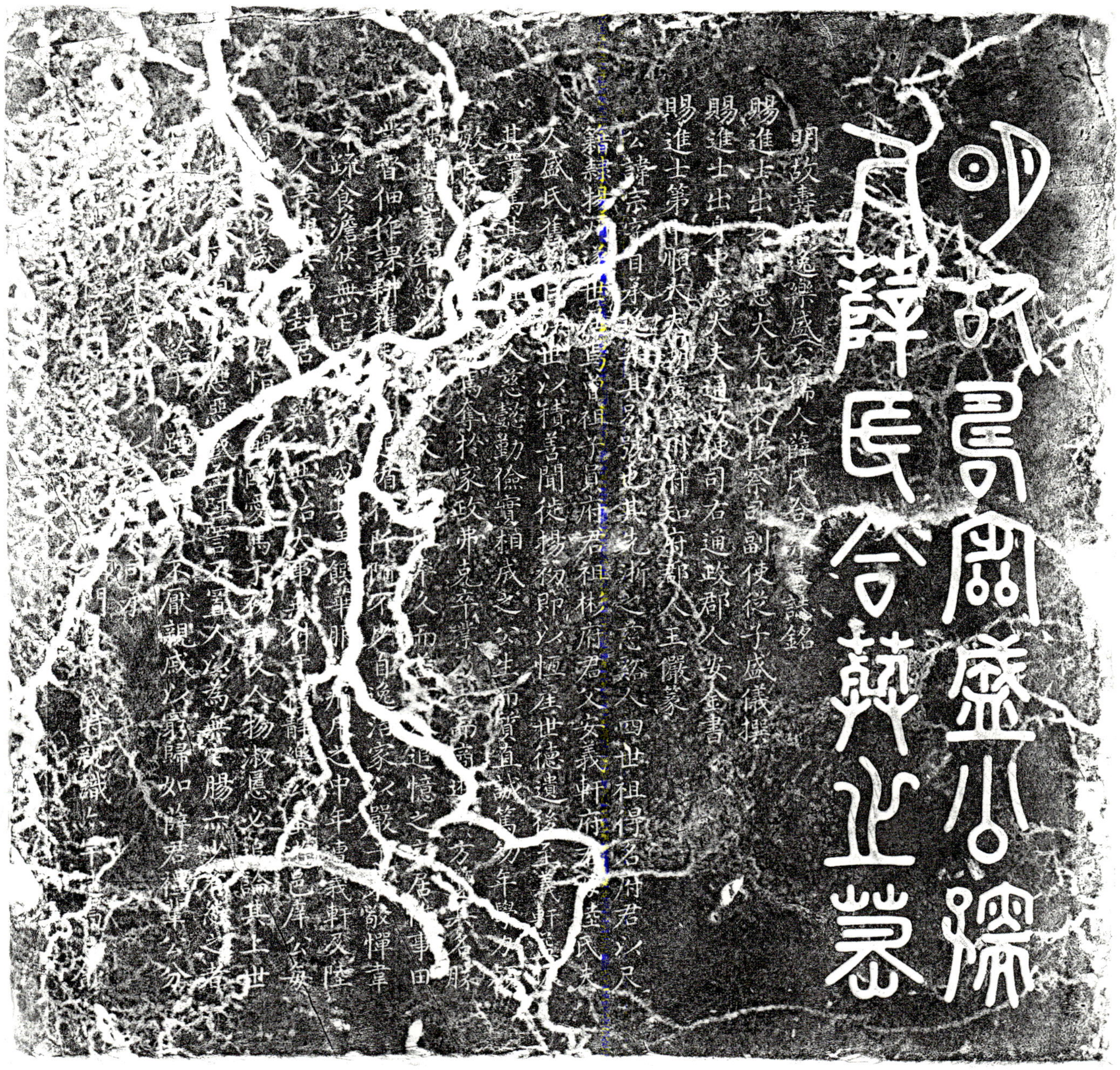

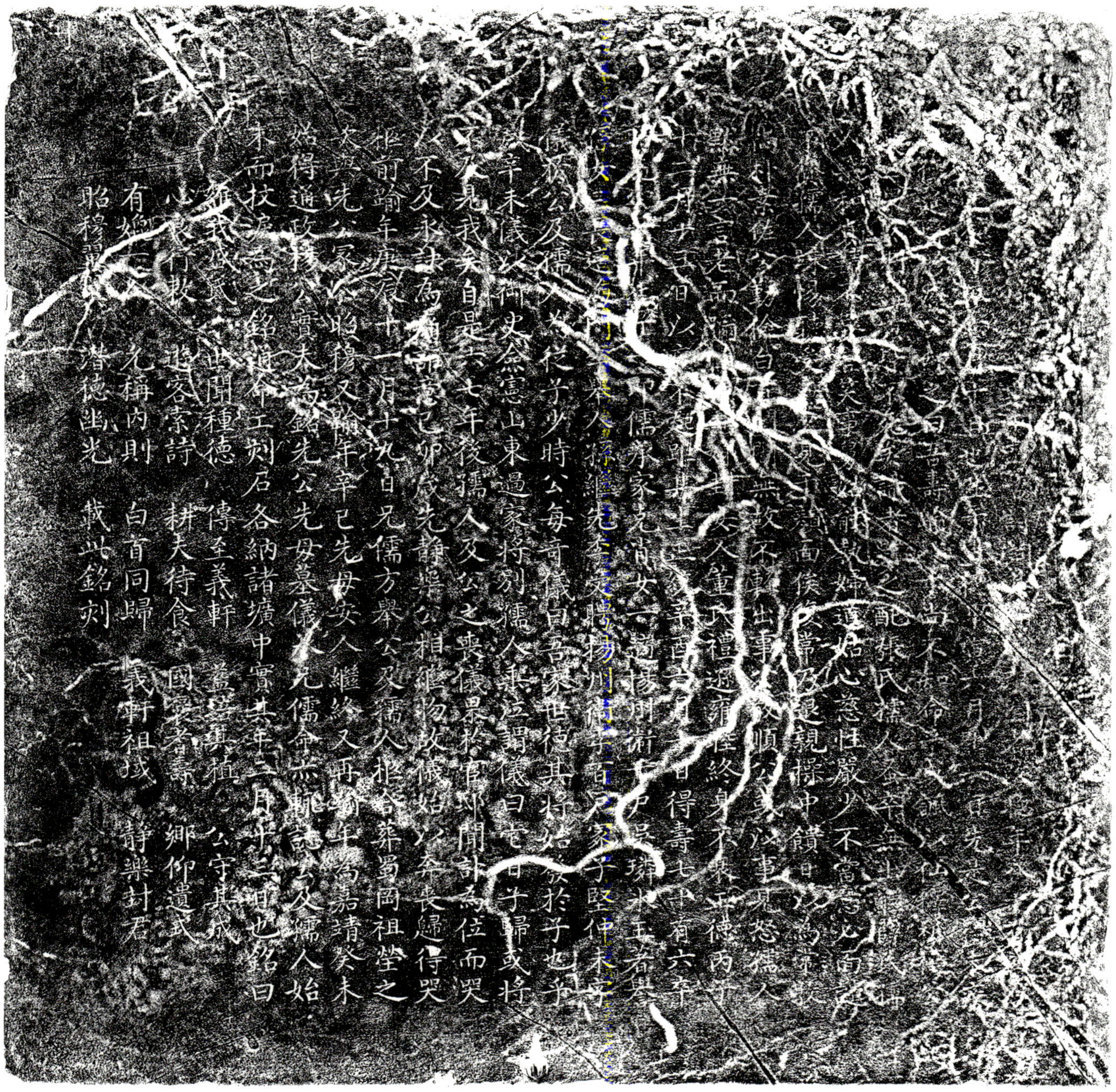

四八

二〇一一年邗江區佳家花園二期建設工地出土。誌文分鐫兩石，內容接續。兩石皆方形，前石邊長七〇釐米，厚一三釐米，誌文二〇行，滿行二八字；後石邊長亦七〇釐米，厚一一・五釐米，誌文二四行，滿行二八字。兩誌石表面均有植物根系侵蝕痕迹，且痕迹呈鏡像對稱，可知原本是兩石文字面相對，疊壓放置。又，前石侵蝕痕迹較後石嚴重，推測應是前石平置在下，後石疊壓其上。

四九　明故明威將軍揚州衛指揮僉事李君（鑾）墓誌銘

嘉靖三年（一五二四）十二月十二日

【誌蓋】

明故明威將軍揚州衛指揮僉事李君墓誌銘

【誌文】

明故明威將軍揚州衛指揮僉事……」

賜進士出身大中大夫資治少尹南京太僕寺卿興化楊果撰」

賜進士出身亞中大夫湖廣布政司左參政江都葉相書」

賜進士出身承直郎刑部主事江都葉觀篆」

君諱鑾，字廷儀，姓李氏，別號葵軒。其先遼陽高麗人，高祖帖木兒，元末爲軍首領，」國初來歸，授揚州衛百户。曾祖政，祖海，父經，俱世其官。君少奇嶷，穎敏有大志。父歿，」母吴氏命之讀書，嘗奮武官多少文，乃治經爲舉子業，久益淬礪。每與文士校□」筆亹亹率數千言不休，同輩見之皆駭汗吐舌去。學既成，襲廕以鎮撫督運海□，」大樹能聲，進署指揮事。未幾，以例授指揮僉事，仍督運。君感激思奮，益欲以行其」志。時所部及山東、河南諸衛糧，皆以領兑數少，交納數多，軍士病于陪償。君疏其」事以」聞，」詔均其數，人皆便之。正德九年，改運裡河。舊例，糧至京師，以什七入京倉，以什三儲」通州，至是有例令悉□入京。已而舟楫壅塞，交兑不及，奸弊日出，君力言其非便，」得復舊，迄今行之，皆曰李公力也。」國朝糧運，天下總若干衛。君涖事凡二十餘年，所部率先諸衛至，數被獎賚。嘉靖初，」給事中田賦監督薦君才可大用，有」旨將擢君總諸衛漕，先令有司往勞之。時望方屬，而君遽以嘉靖二年六月十五日」捐館矣，壽僅四十七。君長身修髯，善談論，與人處，内外皆有恩；讀書務實用，雖居」武弁，不廢鉛槧；究心政務，始終不倦，故所向輒有成功。至革弊興利，以貽久遠，後」人終莫能繼也。聞則佔畢，詩詞皆可愛，深爲大學士邃庵楊公、戒軒靳公所器重。」其餘所交皆一時名士，儔輩中蓋不多見。配殷氏，繼張氏，子一，淪。側室曹氏，出聘」陳氏。女四，長許指揮同知嫡廕張喬遷，次許指揮使嫡廕玉表，餘幼，皆張出。明年」十二月十二日葬于城西蜀岡之原。先期，其子以治命來乞銘，予與君交厚，常偉」其才，宜遠到，不虞止於斯，其命也哉！其命也哉！銘曰：」

□□躍兮，胡遽折兮。騏驥奕兮，胡遽躓兮。爾身没，爾名烈兮。延爾後人，其無竭兮！」

（趙静）

四九

揚州城西出土。一合，砂石質。誌蓋方形，邊長五七·三釐米，厚一一釐米，篆書五行一八字。誌身方形，邊長五七釐米，表面略有風化，部分字迹湮滅。誌文二六行，滿行三二字。

五〇　明例授興化所副千户守庵張公墓誌銘　嘉靖十三年（一五三四）三月二十四日

【誌蓋】

明例授興化所副千户守庵張公之墓

【誌文】

故例授興化所副千户守庵張公[墓誌銘]」

賜進士通議大夫户部左侍郎淮□□□□□□□□□遐齡書……」

□嘉靖甲午春閏二月□守庵公卒□□三月二十四日葬蜀岡之塋。其中子嶅預介」□原太學廟李閬使光□□□□相□□□□□□□姓張氏，號守庵，以平生不怵勢利」□□□榮□脩身履道□□□□□□□□□□□□□□□□□□並嚴，或少相□曲」□□爲知致□□歸於禮□稱廉□□□□□□□□君□□□當不死，旋勿藥。既而」□□以□家人所産，隨所□□□□□□□□□□□□□門外，歸禱於神曰：願□□」□□□□往佛之□□□□□□金者□□□□□□□□□□之此□□冠前已□」□好□□□□□□□□□□□□系□□□□□□買□□□田數頃籍以□□」□□□□□□□□出□□姻□□□不□□□□□□不較更助其所不」□能舉之，公具其所不能□□婚姻□其凡□□□□□□□□□爲□嗣及□」□□□□□一日不見則思，思輒致之坊，果□□□正德戊□□□□人□□□授興化」□所副千户。然惟……」□□□禮□冠帶，居常但野服，足迹絶不至官府。閩幃□□□□□□□□□□□」□□□□□□譜牒，聯族姓外，此日惟崇師擇友，嬰嬰□□□□□□□□□□□」□□□□領乙酉鄉焉。季本，補邑庠生，並籍有文譽。公天性沉静醇□□□□□□人」□始見從□色喜□有疾，亦漸瘳。諸子方競圖功業以悦親，□□疾□□□終於寝卒。生」於成化甲午六月二十八日，享年六十有一。於戲！若公□□府□□門□□敦誠□愛□」□□□□之恭；賙恤婚喪，范希文之遺矩；金還物主，竇諫議之高風。其□□□非□書□」□竟□僅下壽，得無遺憾焉。□□名□□子孫蕃盛□昌以□□得公□□無已矣□□」□亦言，實盡公生平。若曾御史以聞張給事士弘、曹博士子由諸□□□□□□□之」□君子，非若人哉！公世爲江都人，曾大父以文揚舊族，大父冕，父□□□□□□張母」□周氏，名閥蓋世，□相承□□□孺人生子女五，岳娶任氏□□□□□□□□□」□適袁杉真，賢適史起鳳，真秀適劉珍□□□□恩承訓。岳出□□□□□□□□□」□岑出孫女□尚□□□□□□□□□□□□□□□□」□□守□藏爲□君子之友□□□□□□□□□□其□□□□□□□□□□□」□□□□□智則□□□□□□□□□□□□□□□世□□□□□□□□□□□□」……

（劉剛）

五〇

二〇一四年江都北路延伸工程建設工地M62出土，誌邊長六四釐米，厚一一·五釐米，有界格。可辨識二七行，滿行三四字。

五一　明故張（俊）安人李氏墓誌銘　嘉靖十九年（一五四〇）十二月四日

【誌蓋】

明故張安人李氏墓銘

【誌文】

明故張安人李氏墓誌銘

安人姓李氏，揚州衛户侯張公世英配，吾先姑母李太安人長女。太安人與吾先大」夫贈都御史光禄府君同胞，適故百夫長李公廷秀，生安人。李太安人與吾先大夫」平生友愛甚篤，雖白首，相戀慕猶童孺不衰。每飲食必念，忻戚必同，事必與商確而」後行。安人幼聰穎不凡，十餘歲即能組繡烹飪，經營一切生計，佐吾姑母有家。既笄，」欲擇所宜配，户侯初服官，便有才譽，警敏可愛，吾姑母遂商於吾先大夫，歸焉。時張」業尚未振，安人既成婦，即辛勤爲持門户，晝夜拮据，不遺餘力。井臼之外，凡遷貿樹」畜，但可以裕業而善後者，靡不爲之，計□銖兩。户侯益得盡心在公，僚友上下，胥□」其能，政務有難治者，多屬其剸理。其時，漕任重大且艱，非其人不可使。總督諸大臣」廉知户侯賢，獨先委任爲千萬艘倡。户侯在漕□□二十年，每歲奔之於外之□□」居七八，凡一切家務盡屬安人料理。安人勞瘁□倍，撑持□□，若女丈夫然。比及户」侯歸，察其事，事罔有不善，由是貲業日漸□大，歲與月殊，家乃饒殷。生子楹，世其官，」端慎守禮，綽有父風。仲子械，智慮精敏，治生勤家，爲□之良，爲□□之奇。孫登，遣就」學讀書，課督有成，後當亢張之宗者。晚年，夫婦白首□□，子孫兢茂，田廬殖貨，遂雄」閭閈。然安人猶儉勤不衰，家口男女數有□，凡飲食居處，仍一□爲其稽剖約劑，雖」雞豚犬彘，亦畜養有法，而日以滋。諸□□比鄰則酌其遠近踈戚，□遺□乏，和氣充」溢。待側室李有恩，視其所出子不啻己出。□之興，大半自安人□。惟安人體素腴，痰」大，每炎藥之痓，至是劇，群醫環視不可□。嘉靖戊戌正月十三日遂卒，距生天順癸」未二月十四日，享年七十有六。户侯□□哀，諸姓族親賓，吊□悲痛，□其里。嗚呼，安」人□婉慧之姿，儉勤之德，佐夫能官，□起有□，教子姓詵詵兢矣，大振厥譽，慶澤且」未□。顧古史所載女德之偏。長獨到者，豈盡□於安人哉。矧吾鄉舊俗，浮揚閨門之」節，易溺□靡□，其乾自樹立，□□□□人，賢矣。天報□□者，福禄之盛，宜也。子三，」長則楹，娶趙百户女；次械，娶姚處士女；季棣，聘胡秀才女。孫男一，登，娶俞醫官女。女」孫一，適夏千户子明，一適程百户子逵，一適杜千户子柱，皆□廕。户侯擇吉壤於城」西萬松庵蜀岡之原，以嘉靖庚子冬十二月初四日窆焉。率諸子問銘於相，銘曰：」

相夫能官，令譽□華，教子胥林，丕振乃業。惟儉惟勤，式著□□，四德咸備，女中之夫。」萬松吉壤，安人所宅，鍾靈埋馨，永綿後福。」

賜進士通議大夫户部左侍郎兼都察院右副都御史淮南葉相撰」

（張富泉）

五一

二〇一三年西部客運樞紐出土。一合，青石質。誌蓋方形，邊長五七釐米，厚一三・五釐米，略有風化，右下角有殘損，陰刻篆書。誌身方形，邊長五六釐米，厚一一釐米，誌面略有風化，邊緣略有殘損。誌文二七行，滿行三二字。

五二　明昭信校尉揚州衛左所百户山塘張公（楹）墓誌銘

嘉靖三十七年（一五五八）十二月十三日

【誌蓋】

明昭信校尉揚州衛左所百户山塘張公之墓

【誌文】

明昭信校尉揚州衛左所百户山塘張公墓志銘

山塘張公卒之明年，嗣子登將謀喪事，其寮友王君五□過予曰：山塘生荷公知，厥子欲」乞銘其父，某敢介焉。予慨然而諾之曰：山塘之銘，非我其孰銘之乎。明日，厥子衰杖請謁，」再拜再拜，泣而告之曰：敢請公以銘吾之父。予慨然而諾之曰：女父之銘，非我其孰銘之」乎。問其狀，曰：惟公爲我父狀之。予曰：襲人之言而爲之言者，終是臆銘。亦或銘有可請而」勢不相及，或識有半面而素非所諳，是故不得不資於狀。山塘何人也？昔與我同袍於庠，」識之久矣。邇者比閭，相切交之密矣。且意氣亦頗投愜，知之深矣，何庸於狀？公諱楹，字國」卿，别號山塘。其先家於揚之儀真，始祖墨兒有軍功，授揚州衛左所百户，因定居於江都，」凡六傳而及南河公俊，安人李氏，生子三，長楹，次械、棣。公賦質醇朴，性温雅，不苟言笑，無」錯舉止，鄉之薄少年竊以古君子朝之。歲正德丙子，嗣其官□□□之餘，家世充裕。且迹」涉衣冠名流，恒自處以約，殊無紈綺炫耀爲好。長百夫不作氣勢，惟推誠置諸腹中，卒伍」信服，無或欺忤。臨事不避艱險，不萌徼幸，一以勤敏克濟。昔」武皇南狩，繁劇不勝，利害剥切，公乃從容應酬，心無恐怖，凡所委寄，鮮有敗事，識者謂有隱德」也。雖世出武弁，而恬退幽逸之興勃然，莅官滿八九載，即以子乞優。□而省休，内則悦親」愛弟，外則睦鄰信友，和氣藹然，溢於家邦。南河公老，爲諸子析其貲産，公唯唯聽命，曰：無」逆親心，無傷手足。頗有古薛孟嘗之家風，恒以廢墜爲憂，益自惕厲，義以謀生，仁以定業，」不設機械心，而貯積日豊剩，足爲仰事俯育，而適意於林泉下。南河公李安人卸世，乃殫」力以治殯殮，哀毁從事，一出天性，無假修飾。謂祖壟未足爲安，且無以確盡此心，載卜兆」於西山萬松庵之原，乞鄉大卿迂湖公而銘之，以爲不朽。周墻封植，亦復如禮。公仁者宜」壽，一子多賢，當道每推委别務，公恒以勞瘁阻絶爲念，百凡綜理，不無支策據梧之嗟。適」南夷侵擾，家國之憂交切於中，老而心思秏竭，浸以遘疾，競莫之起。家之食指繁多，而悲」痛一心，良以仁風厚澤淪浹然耳。距公生於弘治己酉十月二十日，于嘉靖丁巳二月八」日終於正寢，享年六十有九。配趙氏，百户經之女，生男一，即登，今承襲進級本所千户。娶」俞氏，正科瑞之女。繼娶岳氏，平陽世族天華之女。生女二，長適程百户途，次適杜千户柱。」孫男一，印生。孫女二，玉良、玉秀，俱幼。兹嘉靖戊午十二月十三日，公子登奉公之柩，附南」河公之昭穴而窆焉，一如公之所以奉南河公者。嗚呼！公樹德留餘，慶衍無際，不詭不隨，」可依可式。予方乞休以歸，期與公白首相聚，優遊乎歲月，遽爾舍我長逝，幽明頓隔，交誼」莫酬，是可悲悼矣。夫乃咽哀而銘之曰：」
有武肇基，唯善繼躅。人謀允臧，靈根應卜。大塊玄機，爾翕爾闢。山廓塘□，萬松秀毓。」
承務郎湖廣茶陵州同知致仕邑人聽齋高概撰」
邑學生前浦吴承嘉書篆」

（張富泉）

五二

二〇一三年西部客運樞紐出土。一合，青石質。誌蓋略呈盝頂，蓋面邊長五三・八釐米，頂部邊長五一釐米，厚一一・三釐米，略有風化，篆書四行一八字。誌身方形，邊長五三・五釐米，厚一一・二釐米，誌面略有風化，右下邊緣略有殘損。誌文三〇行，滿行三四字。誌主張楹，前誌張俊及安人李氏長子。

五三　明蘄水縣典史王公（裕）墓誌銘

嘉靖二十一年（一五四二）十月二十六日

【誌蓋】

明蘄水縣典史王公墓

【誌文】

水縣典史王公墓誌銘」

「賜」進士出身□中大夫太僕寺卿致仕郡人蜀岡盛儀撰」

「賜進」士第承德郎南京吏部考功清吏司主事仁和陳克□書」

「賜」進士第文林郎河南道監察御史郡人石塘曾銑篆」

嘉靖癸未七月七日，蘄水縣典史江都王公德和卒，其子邑庠生輅、輔衰絰持予友盧國子」文溥所撰行狀，乞銘其墓。予方治裝北上，未有以應也，二子者力請不置，復介予館下士周」生瑋速焉。乃按狀而次之曰：公先世姑蘇人，」國初有諱九三者，爲公高祖，值僞吴倡亂，始遷於揚。曾祖諱贇，精堪輿術，授將仕佐郎。祖玘、父」鑑，皆隱德弗擢。公初諱豫，後更裕，德和其字也，别號立齋。六歲失怙，既長，事母郭孺人，能承」顏禀命，自甘儉薄，而竭力滫瀡之奉。母有養女適人，居金沙場，往視之，以疾卒於彼。公奔喪，」哀毁爲甚，扶櫬歸葬，祭以禮，居常抱痛。伯兄鼎卒，乏嗣，公厚殯之，言及輒流涕。仲兄升繼卒，」子○少未立，公殯之如鼎，復爲○娶婦。待諸兄弟姊妹有恩，昏嫁皆公綜理。女兄之子孫珊，」生越月而孤，公收育之如子，長亦爲娶婦，孫祀賴以不墜。兄弟有求異居者，公泣止之。後公」上京師，遂自析爨，存所應得以待公，多朽敗物，公不較也。第愧同居，不終歸。公初業舉子，□」記問，旁通醫卜，以數奇，遂補郡從事。郡守三山楊公嘗指示人曰：此儒吏也。歲壬子，以□□」上吏部，得試事太僕，事竣，授冠服歸省。正德壬申，始拜湖廣蘄水典史。蘄地素號難□，公涖」任，每以愛人爲務，而時振勵以作其惰。有富民以私忿訟公於分□憲臣，事白，民伏誣罪，□」配屬驛。後又以徵糧詣公，人曰：彼不陷公耶？公若不聞，民多感化。□民黄□□□冤獄，罪死，」公鞫得其情，白郡，獲釋，民肖公像祀焉。時流賊寇蘄之蘭溪，令丞憂懼失措，公奮曰：此吾事」也。集壯士三百人與之守。俄而」王師來自黄岡，公復督供芻粟，賊遂潰去。已而餘黨張道人復寇大□，公與吏事者□□密□」緝之，不踰月就擒。他有司多以失事被譴，公竟獲都憲公奬録。甲戌，督運□儲，丙子繼往，皆」考中上。戊寅，寇犯郴州，巡撫鳳山秦公督屬征剿，公司馬政有方，鳳山器重□□□□□」也，僚友及鄉縉紳咸賦詩郊餞，小民多不欲其去者。公歸，日以教子□□□□□□□自」適，親知窮乏者，輒周之。晚得末疾，遺命諸子：務敦孝友，葬祭不可□□俗，遂卒。距其生天順」癸未十一月十七日，得壽六十有一。娶徐氏，有賢行。子男二，即輅、輔。生女二，長適夏相，次□」安。孫男一，崇學。女二，尚幼。輅等以乙酉年四月十九日，葬於七里店之原，蓋新兆也。儀案□」文溥文行，其人尤慎許可，所狀當非諛也，爲之銘以歸之。時以期迫，未及勒石。歲戊子，輔□」應天鄉薦，其學行儀知之益深矣。且儀繼爲楚臬藩長，久至五載，詢諸蘄水父老，其稱王公」德政，多與狀合，自喜儀言爲有徵。會輔將于南部領文上春官圖，摹工都下，刻石載歸。輅□」壬寅年十月廿六日，告墓埋銘，以詔來世，具辭謁儀，乃爲續書，用紀其成焉。銘曰：」

公維孤子，亦曰孤臣。克家佐邑，乃爾超倫。有階止進，其若思尊。」歛此美德，遺其後人。甲科繼起，揚顯維新。百世之下，視此文珉。」

（朱超龍）

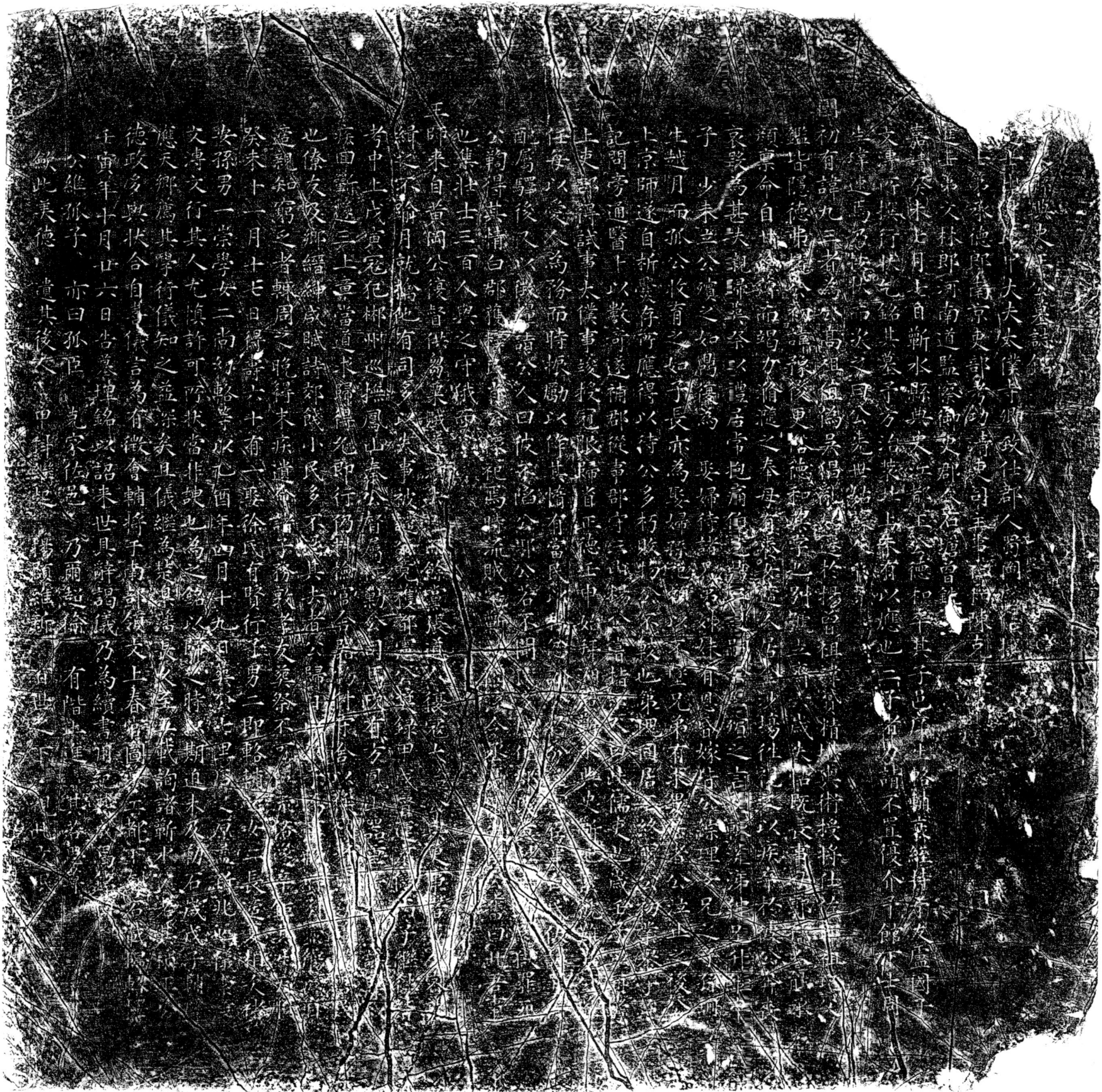

五三

二〇一九年邗江區真州北路啓迪建築工地采集。一合，青石質。誌蓋方形，邊長五三·五×五四釐米，厚一一·八釐米，篆書三行九字。誌身方形，邊長五四~五五釐米。誌文二五行，滿行三五字。

五四　明蘄水縣典史王公（裕）配徐氏墓誌銘

嘉靖二十一年（一五四二）十月二十六日

【誌文】

……

賜進士「出身中」憲大夫湖廣提刑按察司副使同邑省庵葉觀撰」

邑學生前浦吴承嘉書并篆」

觀仕閩南，便道歸省，時見鄉進士王子輔於人人之中，體直而貌恭，異之。未」幾，從姪納婦於其姊之女，始登堂而拜焉。且與聞母之善教，乃知其成之有」自也。壬寅之秋，八月幾望，王子衰服戚容，同其兄軺持所爲母行實狀，拜泣」請曰：軺等以冬十月二十又六日奉母柩詣城西七里店之原合葬先君壙，」願乞銘於先生。觀感其意之誠也，弗獲辭。按狀，母姓徐氏，其先鄞人，祖宗本，」父懷□，母其仲女也。生而性聰慧，儀容端淑，寡言笑，厭華飾，不喜詈人。能」通孝經、小學大意，亦善劄紉。長，適立齋王公裕。寡姑性嚴，母執婦道惟謹，雖」寸帛不私，能得其歡心。穆輯諸伯叔，無間言。立齋姊適孫氏者，早寡，攜幼來」依母，鞠之業之，孫祀賴焉。弘治丙辰年，立齋從吏事於都下，伯叔私析產，止」以空券遺之，母乃解簪珥爲生，贊立齋不校。正德壬申年，立齋任湖廣蘄水」□□，流賊犯縣，母挈二子匿岩谷間，曰：吾保兒輩以免。立齋遂奮力捍賊，縣」得□□。復值郴陽賊發，立齋□憲檄往理馬政，感山嵐成疾，母曰：田荒其耕，」子荒其業，奚以仕爲？遂□□□歸而卒，母守制□禮，門屏整肅，内敕家務，外」嚴傳訓，命□□遊邑校。嘉靖戊子歲，輔領南畿鄉薦，母感泣曰：恨汝父不及」見之。自孀居幾□□年，婚喪大故悉出經理，而未嘗輕踰堂閾，其幽貞之節，」老而彌篤云。據生「成化」己丑八月廿六日，卒嘉靖壬寅正月十九日，享年七」十有四。子男二，長軺，娶□氏，繼娶□氏。次輔，娶林氏，繼娶薛氏、陳氏、孫氏。女」二，長適夏相，次適褚安。孫男二，崇學、崇儒。女三，悦貞、悦素、悦潔。□以母之淑」德懿行，宜享遐福，而壽祉踰□□焉，惜哉！然二子才名煒煜，行將登甲科、授」顯職，以昌大其門者未艾也。銘曰：」

婦而知道，夫全令名。母而知教，子成□□。嗟惟母德，無忝爾生。惟子有禄，永」光爾塋。

□□□□刻石」

（吴一廾）

五四

二〇一九年邗江區西湖街道西陳莊出土。僅存誌身，青石質。方形，邊長五四釐米，厚五·五釐米，誌身一角破損，表面風化較嚴重，部分字迹無法辨識。誌文二四行，滿行二九字。誌主徐氏，前誌王裕妻，兩誌石同日瘞埋。

五五　明敕封太安人高母張氏墓誌銘

嘉靖二十一年（一五四二）十一月二十日

【誌文】

大明」敕封太安人高母張氏墓誌銘」

嗚呼！此觀外祖母高太安人之墓也。安人姓張氏，父鏌，兄訓，弟詮，皆隱德君子，世居楊之河東鄉，安」人其第二女也。生而慧淑不群，母朱氏謂父曰：此兒奇質，長當適名門。年十九，女紅閑習，德性温良，」聞於里。贈都察院右副都御史高公嘉會乃求爲次子贈工部主事敬齋高公宗禮之繼室，父母曰：」高出宋武穆王之裔，望族也。遂許之。既歸，克修婦道，宜其家人，善事舅姑伯叔，無間言。衣裳、酒漿、蘋」蘩、中饋咸身親爲之。敬齋公精於醫，安人輔相以道，出入恭慎，克成其德，撫育前子，恩愛篤至，無異」己出，族人賢之。年二十九，敬齋公偶以疾終，即哀悼毁容，誓志終身，幽處孀閨，足不及中閾。敬齋公」有遺金三百兩，乃持奉姑季氏，不私一錢，泣謂諸孤曰：寡婦孤兒，固人所矜，亦人所賤。吾與汝等當」勉强成人，爲鄉族重，無徒爲人矜也，敢取賤以辱其夫乎！諸孤凛凛服教，儒醫農商，各治一業。伯叔」析居，任其所與，一無較。攜諸孤煢煢獨立，泣諭之曰：清白一脈，乃汝家傳，家之隆替，在德厚薄，不在」財之豐歉也，事勤儉，親詩書，汝等所當勉者。至納諸婦，歸諸女，皆躬紡緝以給其費。□□讀書，每至」夜分，常親置飲食以堅其志，鄉人賢之。夫弟户部尚書高公宗選，□謂之曰：嫂寡而能教，有功先人，」可謂女丈夫矣，信哉！子六男四女，長即濟，登弘治癸丑科進士，授工部主事，陞員外郎，先卒，婦任氏。次淮，醫學正科，先卒，婦俞氏。次涇，鄉飲大賓，婦傅氏。長女適揚州衛百户傅君時學。皆出前母劉安」人。次湘，醫學訓科，先卒，婦路氏、馬氏。次漳，婦蕭氏、曾氏。淑，夭亡。次女一適贈刑部主事葉公萬，即觀」之嚴君也。一適陰陽訓術龍君雨。一夭亡。皆出安人。安人以子先後異出，夫且早逝，撫待之恩，表裏」一致云。孫男十四，長棠，早亡。次栱，婦鄒氏。梁，府學生，婦朱氏。相，鄉進士，婦張氏。桓，縣學生，早亡。梧，婦」陳氏。櫝，婦史氏、張氏。楝，婦殷氏。極，府學生，婦蕭氏。梓，婦汪氏。模、標俱早亡，樓、柳尚幼。孫女七，長適府學生劉華。次適李光炳。次適方頌。次適江夏知縣馬舜民。次適府學生薛鍵。次適府學生錢穀。一尚」幼。曾孫男十，長燁，府學生，婦蔣氏。次燦，婦方氏。灼，婦林氏。煉、煇、熙，餘皆幼。曾孫女五，長適生員沈滂。」次適太學生王思孝。次許聘徐行正。餘俱幼。玄孫男三，俱幼。據生正統戊辰年二月二十又七日，卒」嘉靖辛卯年十一月二十又一日，享年八十有五。卜以嘉靖壬寅年十一月二十日合葬敬齋墓於」馬鞍山之祖塋。嗚呼，安人以貞婉之資，適名族而渥褒封，婦節母德，儀刑鄉人，子孫繁衍，禄壽綿延，」可不謂之盛哉？然自寡居五十餘年，蓋嘗五哭其子，四哭其孫，清脩若節，僅足省持，上天之祐，固有」未盡者歟？觀也與沾餘慶，食德未報，恪承母命，臨墓而銘之曰：」

世孰無婦，孰如安人。婦而一德，苦節終身。世孰無母，孰如安人。母而一德，保孤惟□。嗚乎！世教賴」之，百世永新。」

賜進士出身中憲大夫湖廣提刑按察司副使甥孫省庵葉觀頓首撰」

餘姚□珮書篆

姑蘇吴國臣刻」

（朱超龍）

五五

二〇一五年邗江區萬科・金色夢想建築工地出土。僅存誌身，青石質。誌石邊長七二釐米，誌面凸出二釐米，邊長五八・五釐米，其上楷書誌文，總厚度一四・五釐米。誌文二九行，滿行三八字。按，前明張母陳孺人（善喜）墓誌銘載陳氏孫張鍈，與此誌張氏父鍈並非一人。

五六　明宣義郎工部營繕所所正東泉錢君（璁）合葬墓誌銘

嘉靖二十七年（一五四八）十一月十三日

【誌蓋】

明宣義郎工部營繕所所正東泉錢君合葬墓志銘

【誌文】

明宣義郎工部營繕所所正東泉錢君合葬墓志銘」

嘉靖二十五年十二月十四日，宣義郎工部營繕所所正錢君卒，時年七十有一矣。其子邑庠生良」佐將以二十七年十一月十三日奉君柩葬於金匱山祖塋之右，與其配蕭氏合焉。於是手狀君行，」請銘於李子，曰：先君之不朽，惟吾子之惠恩宿諾也，子其無辭。蓋君卒時，良佐即以銘事屬李子云。」志曰：君諱璁，江都人也，字宗[閏]，號東泉居士。先世爲宋吴越王俶之裔，」國朝有諱貴王公者，於君爲曾祖，生廷勉，廷勉生釗，皆以齒德爲恩榮官。釗者，君之父也，初娶張氏，生」璋及君，繼娶周氏，生玹。君八歲喪母，育於周。稍長，業市廛，久厭之，棄去爲府掾。爲府掾也，兢兢奉法，」弗爲深刻舞文阿上官旨，上官甚任之。嘉靖己丑，赴銓部選，以精法律考上等，授宜黄丞。君爲治，公」慎弗苛，數丞檄編傜役、追逋負、番保甲、飭戎伍，咸宜於民，爲撫按藩臬所嘉獎。而尤崇尚學校，蓋嘗」署篆金谿，云其治□宜黄。而崔子俊者，賢士也，寓迹鄉賢祠均亟厚給之，聲振一郡。時樂安亦乏知」縣，樂安久聞君賢也，爭欲上請移治己邑，會君以進□表乃已，時甲午歲也。後二年，」[敕]修建」廟，需大木，御史選賢能，□部解僉稱君行，而催僭」皇木郎中者，貪而□人也，意解官必厚賫，乃重索君賄，弗遂，因數構君，且銜之。行次桃源，遇盜，劫掠水」手工食銀千餘金，君稱貸補之。抵京，以勞績陞工部營繕所所正。居數月，部尚書莆田林公委修」京城九門，功將[告]成矣，而郎中者竟從中傷之，遂以戊戌考察罷歸。人多爲君不平，君豫然曰：若安」能害我哉？我歸而教子□孫，苟有成名，亦□□乃公志矣。於郎中何尤[也]。其量可以窮達動之耶？君」素篤於孝友，易居時，繼母周欲厚分入己子玹，而玹又悍傲，與璋争持産，不相置，君獨□□以順其」意。後周喪，君又厚爲買杉官葬，而友於玹者勿替。然君以讓分，故自京[辦]事回也，用益乏，又遭時」大侵，舊居且圮，□歸兄珙宅，及仕有俸，始别歸新居。是時，珙業益落，以死無嗣，君念厚德□不報，乃」迎養孀嫂於家，以終其身云。君爲人，簡直無僞，不兢勢利，而急友義，數以財貸人，不責其貸。罷官後，」日會故人，握[槊]博弈相樂，□讀史至忠孝節義之事，輒舉以誨子，亦其天性然也。君生於成化丙」申七月初三日，配蕭氏，揚之故族也，生於成化乙未十一月初二日，修□敏慧，□□媛淑，其奉烝嘗，」事舅姑，處娣姒，御□僕，綜理内教，咸盡厥善，克標壺範，爲宗人稱首。先君二十四年，卒於嘉靖元年」十二月十七日，生子二，長良弼，娶□十朱芸□□女，卒。次即良佐，博學藻雅，克□□□，娶福建按察」僉事應天石溪□公鏊女。女一，□姮，適庠生顧維翰，亦卒。副室羅氏，無出。孫男五，□□□，一魁，聘庠」生張文光□女，一麒一鳳一龍。孫女二，尚幼。銘曰：」

胡裔之緜，而庸之纖，胡修之妍，而□之□。□攸靡□，□壽之厭，□後之賢。吁嗟乎！金匱之所，於君是」憺。

邑人搏微李應陽撰書

鳳林尹瑜篆蓋」

（朱超龍）

五六

二〇一九年邗江區西湖街道西陳莊出土。一合，青石質。誌蓋方形，邊長五五・五～五六釐米，厚一三釐米，蓋面篆書四行二〇字。誌身方形，邊長五五・八～五六・三釐米，厚一三釐米。誌文三六行，滿行四五字。

五七　明東川王公（勗）暨配趙孺人合葬墓誌銘

嘉靖二十七年（一五四八）十一月十三日

【誌蓋】

大明東川王公暨配趙孺人合葬墓志銘

【誌文】

明東川王公暨配趙孺人合葬墓誌銘」

賜進士出身大中大夫資治少尹太僕寺卿致仕郡人蜀岡盛儀撰」

東川王公仲子通津隮，儀季子存同之妻父也。衰絰訪門，持其妹夫太學生樊君濂所撰行狀，拜儀乞銘其父母墓，儀」辭不得。按狀，公諱勗，字日照，號東川。其先自宋南渡時，已居江都，」國初十八舊家之一也。永樂初，遠祖文貴以富户取實京師。祖日照丞自牧，自牧生均美，均美爲公考，有隱德不仕。母卞」氏生四子，公其季也。公幼失怙恃，遭家中落，諸兄咸謀析居，公止之弗得，悉以資産讓之，而煢然一身，勤儉自勵，從事」化居之術，銖積寸累，家事日裕。同郡仕族趙公澄配陳氏有女，德容兼美，漸習家教，織紝女紅，皆入精緻，趙公奇公，遂」許配公。入門，敬執婦道，公遊覽江湖，貿遷貨殖，家事悉委孺人，謹鎖鑰，勤拮据，事必合矩，克當公意。公家居，每痛二親」早逝，未獲盡養，歲時奉祀必致敬慤，孺人治粢盛，供酒脯，潔器具，事罔不處。三兄昺卒，孺人謂公曰：吾聞君嘗以伯兄」杲、仲兄昱早没，後事不克盡情爲憾，今若之何？公曰：我心更切也。於是出資殮葬，竭心爲之。撫諸姪際輩，一以恩義」爲心。與人交，尚信義，事無宿諾。間有欺公者，公輒自引咎，其人竟□愧謝。公性直而不訐，容人之度雖優，而其中涇渭」自明，若爲所善者接之恭而且加愛焉，不以險夷生死貳其心。鄉人貧弗克葬，婚弗克娶者，助之，咸俾得所。孺人雅與」公同志，凡公義舉，孺人多協贊之。子陞、隮始皆業儒，既就商，祇服父事，家業益隆，門户增盛，子孫蕃茂，僕從指多。孺人」每夕命家人具酒饌，翁母偕坐，召諸子侍席，或誦古今成法使之勉進，或究家人興替俾之勸懲，大要訓以勤儉，欲令」畏法守禮，以昌家世。諸子咸克遵承，奮勵向上，養志以悦親，治家以善後。里人德公諸子者，悉推本其父母之善教也。」女慕貞，樊公月樓爲子濂擇婦，愛公家教，求而娶焉。公幼穎悟，讀書一過，即記其概，以家務奪志。二子秀拔儒雅，亦不」竟業。公曰：家業既成，須教子孫讀書，子壻亦須文士，此有家之要務也。故壻樊太學，而教諸孫尤留意焉。陞在南都督」府，徐公聞其賢，授以侯門教讀，二子遠延江浙明師以教諸孫，各業進士，煒然文名兢起。樊太學爲諸生時，師生咸欲」舉公賓鄉飲，以彰齒德，公謝曰：吾年未七十也，且日欲寡過，未能敢曰有德。竟辭之。嘉靖丙申歲十有一月十有九日，」值公七表初度，士夫戚里，無問遠邇，咸致頌禱。諸友復用前請，公再辭，逾六日，公尚無恙，偶覺心神不寧，乃召諸子，執」其手曰：予將長逝矣，汝輩惟孝友是敦。又顧所知孝子任君淵，屬以心事，正襟瞑目，少頃遂卒。諸子彷徨哀痛，召醫不」及，實其月二十有五日也。距其生於成化丁亥十有一月十有九日，享年七十。公棄世後，孺人稱未亡人，綜理家政，無」異公存狀，哀痛成疾，每謂婦人孀居不宜輕出，故經年未始一涉外户。居常以守父訓，爲子孫規勸，以謹閨門爲婦□」訓誡，以禮義接親黨，以莊慈御婢僕，家道益殷，衣冠詩禮，閭里推重。堂宇圃榭，足備遊衍矣。嘉靖甲辰冬，冢子□野□」喪，乙巳夏，仲婦孫氏繼喪，老年哀痛相尋，抱疾益深。戊申春，疾革，謂仲子隲曰：汝侍吾疾，醫禱盡誠，寢食俱減，吾不忍」也。吾壽已高，目見孫婦孫女姻嫁，且弄曾孫矣，今得從汝父於地下，夫復何憾！復進女及諸婦、孫男女，各致遺訓不亂，」遂卒，乃三月一日也，距其生於成化癸巳七月二十有五日，享年七十有六。子男二，長即陞，侯門教讀，娶姜氏。次即隲，」娶孫氏，繼闞氏。女一，慕貞，適太學生樊濂。孫男八，長畿，補郡庠生，卒。次甸，補邑庠生，娶憲副南兗高公濹女。次之賢，娶」張氏，繼蕭氏、孫氏。之賓，娶鄉逹二馬君目強女。之貞，聘宋氏。之典，聘吴氏。之謨，皆幼。孫女六 長適史君孝彰子儒士起」聘，次適儀季子郡庠諸生存同，餘亦幼。撫姪陸爲子，陸能孝養，娶周氏。生孫男四，之冕、之輅、之樂、有壽。孫女三，長適義」官彭植，次許庠生陳詔，次許尹履亨。曾孫男女各三，俱幼。公先以嘉靖十有七年十有一月二十有四日葬於大儀鄉」蜀岡禪智寺後之原，時事匆迫，未及請銘。通津卜以戊申年十有一月十有三日奉母孺人柩合葬公之墓，儀乃次諸」樊太學之狀，爲誌而銘之。銘曰：」

王氏有家，世本巨族。中圮而興，東川力渡。厥配惟賢，心同力戮。積久始裕，勤儉質樸。跋涉江湖，檢慎笥簏。承家有人，」諸子咸穀。益闡而昌，愈積後福。好尚禮文，延師家塾。子孫繼芳，衣冠森肅。方進未已，賴公所覆。蜿蜒蜀岡，江淮地軸。」翁母同藏，浩氣所蓄。後有過者，其容必穆。」

（秦宗林）

五七

邗江區城北街道出土。一合，青石質。誌蓋方形，高六六・五釐米，寬六六釐米，厚一三釐米，篆書四行一六釐米。誌身方形，邊長六四・五釐米，厚一三釐米。誌文三六行，滿行四五字。

五八　明處士王公通津（隲）墓誌銘

嘉靖三十九年（一五六〇）十月望日

【誌蓋】

大明处士通津王公墓

【誌文】

大明處士王公通津墓志銘」
嘉靖三十九年五月十三日，處士王公通津卒，將以是年十月望日葬於揚州禪智寺後蜀」岡祖塋之側。處士之姻有寧羌州知州馬對峰者，賢而文，既爲之狀，
乃其孤之賢輩以其狀」徵銘於予，因得掇拾之爲志。志曰：處士諱隲，字國善，別號即通津。生於弘治癸亥正月初七」日，得年五十八。上世俱爲江都人，曾
祖迪功郎自牧，生祖均美，均美生處士之父旭，號東川。」娶於趙而生二子，長曰陞，號竹野，次即處士。處士生而岐嶷，長就外傅，拘於傅之教爲章句」對偶之
學。既數年，東川翁知無成，遂令棄儒而爲商。處士即能識重輕，善心計，與時低昂，東」川翁大喜，遂以家政授竹野暨處士焉。處士益悉志於貿易，事必請於
竹野而後行，身不出」揚城，而金陵吴越之所産無不知，故能豐於財事。東川翁暨太孺人備色養，終葬祭之以禮。」時食指衆，與竹野雖異爨，而財貲恒相通，未
嘗校爾我。竹野卒，愛其孤如愛其子，待宗族能」□財帛，衣其寒者，食其餓者，賙其婚喪之不能舉者，咸有定則。又置公所，以棲無室之人。與」鄉人交有信
義，□狙詐順危之習，即負之者亦不校。時推所有，以賑窮乏，人皆德之。性尤謙」謹，不敢失言色於人，故終身免於穽，足迹未嘗一逮入公府。治家有法，不
嚴而整，不喜笞朴，」臧獲□不敢□。始終甘澹泊，寡嗜欲，不務服美，不交權貴，不畜媵婢，不用音樂，亦不入□館，」自□□□之外，終歲杜門不接人。所
與談，非貿客即農人，餘雖造門亦弗之見也。或有稱」技術□□候察之説者，第謝之□□勤儉四十餘年，家積累愈拓。晚年始大室廬，畢婚嫁俾」□子□有
□□□□□□□於先爲□姓□。無何，感微疾，竟不起，君子以爲壽不償德云。」配□氏，卒，繼□闞氏。生子六人，女七人，□□氏出者。爲之賢，娶張氏，
卒，繼娶孫氏。爲之賓，太」學生，娶馬氏，繼娶□氏。爲之禎，娶□氏。爲之興，太學生，娶吴氏。爲之謨，郡庠生，娶曹氏。女長」□□起聘□□□，次適太
僕卿□蜀岡季子□生存同，又其次未適人，爲闞氏出者。子爲春」女三人。□□□壯志弗彰，匪銘曷藏。銘以垂永，□刻之石。」
嗟嗟通津，終始勤慎。可以名善，可以名信。□無垢非，身無疾□。□之既□，惟生之順。葬祔親」塋，垂範後胤。」
賜進士第中憲大夫山西提刑按察司副使奉」敕□□□安等處兵備兼分巡□□前翰林院庶吉士郡人□梧□城撰」
邑學生前浦吴承嘉書篆」

（劉松林）

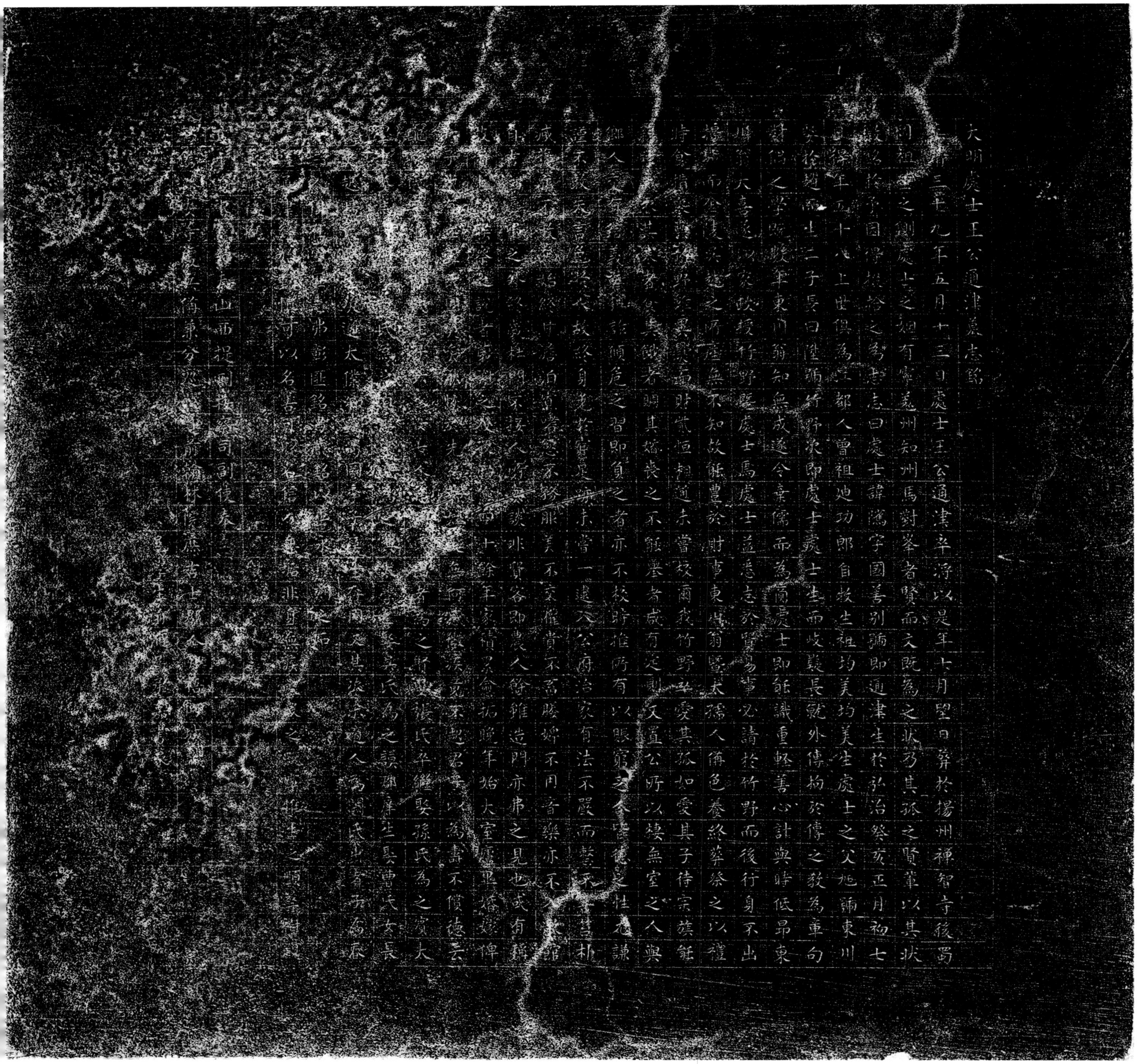

大明處士王公通津墓志銘

五八

邗江區城北街道出土。一合，青石質。誌蓋略呈盝頂，蓋面高六七釐米，寬六六·三釐米，厚一四·三釐米，頂部邊長六三·五釐米，篆書三行九字。誌身邊長六六·八釐米，厚一四釐米，表面風化較嚴重，部分字迹模糊。誌文二六行，滿行三五字。誌主王隲，前誌王勗與趙孺人次子。

五九　明恩榮壽官樂庵史公（孝彰）配錢孺人墓誌銘

嘉靖三十三年（一五五四）十一月□日

【誌文】

明恩榮壽官樂庵史公配錢孺人墓誌銘」

□□生史君起敬，衰衣□□，持其妹夫鄉進士樊君權所作迺堂行實狀，造西竹草堂再拜，」□泣曰：敬將舉先妣柩合葬於先考之塋，願乞先生銘。觀也義弗獲辭。
按狀，孺人姓錢氏，其」先□□□和人。高祖諱勝宗，洪武間渡江適揚，因家焉。考諱鎮，字允静，妣孫氏□□□男□」孺人□□女也。生而聰慧不群，性純雅嚴
潔，寡嬉笑，父母奇之，不輕以聘人。有□溧陽□□」史公良福爲其長子樂庵公孝彰求婚焉。公□名族□遂許之。及于歸□□□□□□□□」也□竭力事其姑李
氏，衣食起居必□必□，□□□□□孝敬之儀，無□懈。姑有□胡氏者，」□依焉，孺人□之如其姑者。樂庵少承父業，□□□餘資，孺人親操井臼，□□□□□桑
□」府事，襄理内務，儉勤不怠。□夫得專□□□事，以至充裕。夫弟孝□□□□安□□□□□」孺人□□□□之初無恡色，妯娌和諧，内外無間言。春秋祀先，
必□□□戒秉□□□□□」□遇□授」榮壽官。與鄉□結伴□□□□□□□樽爼豐□且精，其自奉則甚約也。及樂庵卒□□」既□，號泣過常，□盡□事弗侈
於禮，人不越閨□□□□□教子益嚴，嘗訓之曰：勤□□□」之本，吾老，且率諸婦躬紡績者，繼夫志以保□□也。□□□事於儒，宜□師友□□士□□，」孺人
每夜，必督其親燈火，常烹茗□□噍□。是以子皆□家，馳聲士林。其待僕從□婦□□」□饑寒，節其□力，視其疾病，然有犯□□閨門□□，無敢嘻嘻作惰怠者。
或勸其命子□選，」而二子不欲離膝下，孺人怡如也。惟兹甲寅孟夏，□感脾疾，遂以八月廿五日終於□□，距」生成化庚子十月十五日，享年七十有五。嗚呼，
以孺人之德，宜享期頤上壽，□□□□□□」子養，惜哉！孺人生男二，長即起敬，娶張氏，繼娶□氏、陸氏。次起□，娶□氏，□太學生。女四，長」起馨，適楊廉。
次起闌，適太學生火錞。次起貞，適潤州府經歷□可久。次起柔，壻即樊□□□。」孫男四，長宗□，太學生，娶□氏。次宗厚、宗□、□□。孫女四，長宗□□聘楊
道復。次宗□，□□」鳳□，次宗巽□□□。次宗善，尚幼。起敬卜是年十一月初□日，啓樂庵公之墓，奉引孺人柩」合葬焉。謹□其□而□□。銘曰：」
□惟孺人，性秉柔□。事□□孝，婦道克誠。相□□家，□道克行。教子業儒，母道克□。□□□」□，閨閫之程。□林蘭畹，□家□□。□□□□，□□□□。
□埧之原，合葬夫塋。松蟠柏冢，□□」□□。□□百葉，悠悠□城。」
賜進士出身中□大夫湖廣提刑按察司副使同郡□庵葉觀撰」
邑人吕承嘉書篆」

（劉松林）

五九

僅存誌身，青石質。方形，誌面邊長五一釐米，底部四九釐米，厚一一·二釐米。誌身嚴重風化，表面字迹局部模糊不清。誌文二八行，滿行三五字。

六〇　明故雲川王先生（沛）墓誌銘

嘉靖三十四年（一五五五）二月十九日

【誌蓋】

明故雲川王先生之墓

【誌文】

明故雲川王先生墓志銘」

邑人海國高炳撰」

邑人吳承嘉書篆」

嘉靖三十二年三月丁未，雲川先生卒。其友人炳聞其疾革，震且疑，因彷徨悼曰：雅同邑屋，曾」□□其□躓也。前遇諸塗，爲予述其內子病愈，喜，迺今自病憊邪，豈即溘焉弗起也？趣往探焉，」至則絶矣，年五十五歲耳。淚簌簌下，哭之曰：傷哉！天道福善，何雲川獨弗食其福也？高生返也，」悲悰靡能即釋，時自念曰：雲川！雲川！越二年，乙卯二月十之九日，祔城西金櫃山岳州公之墓」葬焉。雲川姓王氏，名沛，字伯雨。高祖福興，曾祖昱，居城東之鄉，祖成，始明經貢於庠，拜雲和縣」丞，俱贈刑部主事。父儼，即岳州公也，舉進士，由郎署出守岳州。母杜氏，封恭人。杜恭人當孕，夢」日曈曈照懷紅，岳州公喜曰：吉兆也。比舉男也，則逾益喜，是爲雲川。幼而沉厚靚慤，質體豊腴，」人以機械調之，但漫笑不以爲侮，又自不能以機械加人。雖時或放談劇謔，人亦諒其坦軼，不」謂其侮也，若福履可遠綏者。岳州公宦遊四方，常從如四方，屬文即淳雅有體式。選補邑諸生，」試每高等，岳州則益又喜曰：是兒將充吾閭，往夢蓋可徵云。岳州公罷郡家居，雲川旦夕侍，攻」藝飾行，期以慰藉親心。乃諸父昆弟，亦未有不安其巽讓者，咸謂太守惟此兒，詎能孝友如此。」無何，岳州捐館，奉杜恭人逾謹，上食退則齋居岑寂，圖書擁繞，呻吟呫嗶，罔以悴苦自憫也。經」理家費，日有衡，月有會，薄録纖悉。予見而嗤之，則愴然曰：今兹薄田，惟祖之遺我，躬耕勉甘旨」以娛孀母，我但取足飲啜、資誦覽，斯已矣。乃沛曷敢弗儉也。故恒量歲入，執簡樸，即賓筵盛宴」亦弗過侈。或曰：是不類大夫之家也。曰：先大夫有羔羊之節，我苟耽華綺，墜前緒，豈敬遺之道」邪？故終始斂素，無少陝輸，常時暄，讌集解袒，恡其裹服阨敝，詗知猶岳州故裳也。共歎曰：斯守」業而不忘親，縉紳子弟，其誰若此矣。比葬二親也，渡江市石，甃槨樹儀，費金數百，且稱貸以給」之。因泣語人曰：匪是曷報罔極，能自檢奉需，何患於積負。予往聚邑子雋彦十數輩，聯訂文約，」皆謂雲川齒長，强其主鉛槧之盟。迺雲川則飭規植議，督怠研體，朋習羣講，賾究深鈎，衆相率」兄事焉。浙宮詹謝乳湖，與岳州同進士榜，雲川曾聆指授，故厥文有師程，人咸望其第。乃雲川」累顧弗第，然業廩於庠十七年矣。初婚于徐知青州府晋之女，産子襁褓，往岳州時炮駭病夭。」繼婚方氏，竟弗子，畜數媵婢，閨闈嗃嗃肅也。每自戚曰：君子有穀，先大夫之嗣，於我果絶邪。禱」於神，方即孕，妾亦孕，胎形已露，忽漸消，此其故何也？常欲養從弟治之季兒。治弟汲，亦諸生，雲」川疾殁，乃向汲□曰：子其成予志，且倫序之宜也。自名之曰繼宗，生八年矣。貲産少割資諸弟」暨姪，復囑方曰：是□能營護吾家。諸所處分畢，遂瞑。吁，嗟嗟！天乎！天乎！雲川胡遽死也。于是志」之，□□銘之而刻之石。銘曰：

陽精虚符，世德靡曄。有培奚遏，闕而中絶。於乎！孰案使賢，孰據弗」窆。櫃山西原，岳侯之□。□昭雲川，億萬斯年。斧如堂如，悠悠乎蒼天。

姑蘇吴臣刻」

（秦宗林）

六〇

二〇一七年邗江區西湖鎮經圩村劉家溝圈（四季金輝建設工地）出土。一合，青石質。誌蓋高六〇釐米，寬五八·五釐米，厚一二釐米，誌面篆書三行九字。誌身方形，邊長五九釐米，厚一〇釐米。誌文楷書，文共三〇行，滿行三六字。

六一　明皇甫五峰墓誌銘　嘉靖四十四年（一五六五）

【誌蓋】

大明皇甫五峰墓誌銘

【誌文】

大明皇甫五峰墓誌銘」

里中人黃一□撰」

郡庠生趙□□書」

郡庠生朱光先篆」

皇甫五峰翁既卒之明年，其諸子獲郭家莊之原，卜日將窆，顧相語曰：嗟！寧得」□□墓志銘，我家、我父故願也。時黃子以纂□之役久在都下，至是偶□其諸」子□□相諾曰□□我父之□有如斯哉。迺手狀謁黃子，黃子爲誌之。按狀，翁」□□□習□五歲其先□安□者姓在□□□將軍規在唐若禮部尚」書□□則其□□□□□我」國朝□□上元□瓜洲則自□□□□鎧，娶蔡氏，生通□，娶李氏，生□榮，娶潘氏，」生□□。甫三歲，潘卒，育於□□□□□長□不□□中□□□□事父，使父」□□□及□卒遘□門問寢□□□□□□□□□□□□□難刷」是□□□□□□瞿瞿闠市，口不惡語，耳不惡聲□□□□□□□□□□□戲」客絕而不通。有毛典史景陽者，□識而女之□□□更□重治家□□翁亡丙」顧□□□□□之間，訾□大起，迺置鐘畝之田千頃，容□□宅百楹，□□千□」，牛馬百頭，□歲而金億計，與豪貴齒列。翁則□曰：夫□□□□自□□已也，」所以竟志□然世□德，後當重光，承之其在讀書，子於是□□子□□□□實」有□□賣金□之，果中邑庠高等弟子員，□□烜霍，將登紫□，人咸謂翁食報」在斯，而翁亦曰：信在斯也！初，翁商吳時，士人□□□□□□之者，諸父□侵□，」翁每甘不以恚怨□禮□，焚負貸之券，掩暴露之骴，輸藥誠之□，或議□過，翁」則笑曰：小損當大益□與翁心意良，而性急從事，期□不□風露以致疾，弗起，」年竟□。人傷□□而或□州□五峰勤且儉□□□□□聽諸子修業□□」與□□□□□下□□□七□耶。□□□□事固□□□□生弘治庚申六月廿」日，卒嘉靖甲子七月□日，得年六十加五。生男四，長庠生員也，娶趙□□女。次」賔，娶□梁君芳女。次真，蚕□，娶省□官□□□女。次貴，娶□君□女。□□孫男四，」曰□，聘邑庠生趙君□女。曰□，俱賢出。曰□，聘郡庠生□□□女，賔出。曰□，貴」出。孫女四，曰汝純，賢出。曰汝□，貴出，許□□。曰汝絜□□□□□於□盛□□。」□曰：」

□□□甫，□□□仕。派遠枝繁，終□來弼。惟是五峰，□□□□。□□彌高，□□」□□。□方有子，鳳毛麟趾。揚休天衢，自令□始。」

（孫晨）

六一

二〇一七年邗江區瓜洲鎮瓜東村二電廠北側出土。一合，青石質。誌蓋略呈盝頂，蓋面邊長四七釐米，頂部邊長四四釐米，厚一一釐米，表面輕微風化，篆書三行九字，字間殘存硃砂痕迹。誌身方形，邊長四六・五～四七釐米，厚一一・八釐米，誌面風化嚴重，有硃砂痕迹。誌文三〇行，滿行三一字。

六二　明喬長公墓誌銘

崇禎元年（一六二八）八月二十五日

明……」

明郡文……」

余友喬長公□□□□□□□□□□□□□□□」安余哭之後□□□□□□□□□□□□」聖以墓中石乞□□□□□□□□□□□□□□□」何忍負長公□之□□□□□□□□□□□□」祿以女女長公而館穀余□□□□□□□□」筆研定之已，余用己酉領薦而□□□□□□□□」□陵人，余且爲東道主人，魚書雁字□□□□□□」□志而銘之，自余責也。按狀，長公諱可□□□□□」□□先世爲平陽襄陵人。曾王父而上詳□□□□」□爲其祖光祿墓志中，而光祿其嗣祖也，本□□□」□□□公汾，兩父則武英殿中書科中書舍人士□」□□光祿。長公故爲光祿家孫，母則高媼爲封中□」□□□□公女，其胞弟則士望，起家進士守□興者」高□□公纔可四□高節，蚤世。繼復爲高，則誥封□」政□□□公仲女，而殉節廣寧，特贈大理寺□□□」忠節。公□白其胞兄也，所以繼室中書公□良淑□」豈弟慈祥□□□□世一切後母之習，篤愛長公□」異屬毛□□□外□黨曾不覺其爲異産焉，而□」公依依□□□生母□□然。中書公每對人□□□」吾後妻，吾前□□相與□我以安也。已而□□□□」高能不以己□□薄長公之愛，長公又能友于仲，□」季問歡相結也，而□諸□□然旁□。中書公姬媵所」生子女亦然，是長公□□□其厚己。既其諸弟浸長，」同遊家塾，考經剌□，好言相勗，否則不恡若□」而一切猜嫌，毫不以□□□擇婚命嫁，雖中書公張」主，然其居楚數年，所□□□而畢婚嫁，長公益□□」餘力矣。即其弟亦相與同心，□□無二，凡百器□□」鑑玩好，此或置之，彼或銜之，不以相問也。夫雖仲□，」季成其恭乎，而長公寔先之。長公所配杜光祿女，雅」有婦道，與長公結髮三十年，相□□一日，詎不謂長」公刑于乎。」□□中歲，權璫狡弁，煽起利端，浸□富室，齮齕者替」□□書公名某甲疏内事敗□□□幸」……□□明燭無辜，祇治首惡，餘□□□。甲辰，射利」□□□卻朦朧，部咨復行，按□□□□□□事者主」□□□□官意過爲嚴□□書公□□□□□□」（以上前石）□□□□□青袷出□□□□□□□□□□□□」□□□□危之，□公頗□□□□□不堪而令□□」□□□□身，而父免焉，孝矣。□□愛□，久之，其事□」□□□無恙，倘亦天之鑒其孝歟。中書公所[詗]，母意」辟爰其壻，意且傾其子産以埤益之，所可行其毒者」無不至，焚廪浚井猶爲減少。中書公用是避而居楚，」竊自附於大杖則逃之義。盧意不已，則肆其毒於其」婦若子間，長公即又任之，至於訶控院道，搆難累至，」惟是長公挺身辯理而操戈。[父]室之族，睚眦興戎之」親，紛紛遝至，長公毫無退避，必至情白理，信而後已。」長公所爲忼慨赴義，類如此。至於戚里之中，貧者待」以舉火，婚者待以親近，疾而死者待以醫藥，待以[棺]」槥，咸長公所好施而樂助也。長公未冠，遊庠，頗以一」第自負，思發憤爲天下雄。而其爲文富瞻藻績，當是」詞林高品，而會出入禍患之中，險阻艱難，備嘗已盡，」稍稍分其下帷之力，不果如願。

十數年來，盧以病□，」中書公本生母張亦亡，而中書公夫婦咸相繼□，輾」轉居喪，卜地問葬，將以其暇温習舊業，用畢初志。而」會與幼弟所分淮陰之産，爲其里豪所據。丙寅之春，」過淮訟理，淹留數月，而後得白，其利則與弟共之，其」勞則長公所獨任耳。長公從淮還，爲五月廿八日□」晚而病卧，未旬日不起，距生萬曆辛巳十一月初三」日，卒天啓丙寅六月初三日，□年四十有六。娶光禄」□丞杜公繼山女。子四，長贊聖，聘淮安郡諸生杜公」□桂女。次敬聖，聘淮安○○陳公○○女。三欽聖，未」□。四鍾聖，聘淮安郡諸生杜公應芳女。女五，長適國」學生閻公汝魁子郡諸生有綸。次未字。三字國學生」閻公世英子黼猷。四五俱幼，未字。贊聖卜今戊辰八」月二十五日巳時，扶長公柩葬七里店龍王廟西北」新阡，酉山卯向。余息薄望輕，無以爲長公重第，念死」生交情，不能已已，因按狀志之如右。法宜銘，銘曰：

犯難而行，脱父於難。愚不可及，千古共贊。身爲休徵，」飲食衎衎。兄弟怡怡，歡聚無散。獨行矯矯，雄文燦燦。」籍係青衿，名高月旦。四桂森如，象賢是冠。我銘爾幽，」九原煜焕。」

奉政大夫兵部武庫司員外郎武進董應暘撰」

郡人崔一鳳撰蓋」

陸士鶚書丹」

……劉□照鐫石」（以上後石）

（朱超龍、孫晨）

一四八

邗江區新盛街道出土。誌文分鐫兩石，内容接續。兩石皆青石質，扁而寬，前石殘長三六釐米，殘寬七〇釐米，厚一二釐米，誌文三八行，滿行二〇字；後石殘長三七釐米，殘寬七三・三釐米，厚一六・五釐米，誌文三八行，滿行二〇字。兩誌石表面均有侵蝕痕迹，且呈鏡像對稱，推測一如前明故壽官逸樂盛公（宗）孺人薛氏合葬墓誌銘，原本亦是兩石文字面相對，疊壓放置。

六三　明滿母紀孺人墓誌銘　年代不詳，約弘治前後

【誌蓋】

明故滿母紀孺人之墓

【誌文】

……故……墓誌銘」

……大夫資治尹南京……撰」

……中順大夫浙江台州府知府同□［馬］岱書丹」

……中順大夫大夫福建邵武府知府郡人……藩篆蓋」

……陵騆有姓滿名鉞者，持狀諸舟□□□吾□居維」……儒業發身，任福建平海衛知事□□□□□□其業」……人，父諱瑞（，擇而娶焉，不幸於今年□□□□□邑」……生不以吾母爲女子弗德，既爲之□□□□□末」……斯過近，蓋不敢綏也。大人來揚，誠吾母莫大□□□□一言」……之同□，以著其潛德，而昭示於後世矣！吾目其□□□□□」……觀此亦可以知母之賢矣。遂按狀而□曰：孺人姓紀」……名□之女，幼受胎教，德言工容，出自天性，而□異於人」……幼而□□，長而□閑貞一，殆非尋常□□婦□氏克盡」……事舅姑也，□□□順，無一毫之敢慢□。事夫子□，恭慎柔和」……傲色。教子□□，寬而不失於縱。治家以勤儉，□不過於奢」……□□□□□其賢也何如哉！今年□月二十有」……愴然嗚呼！天胡不佑而□之□□耶。孺人」……己丑十一月十六日子時卒於□□己□」……男二，長鉞，次鐏。生女三，曰妙□，曰妙金、妙」……孫女二……淑真，淑賢。鐏娶李氏□妙惠適」……玆卜是年十月二十一日遷葬金」……

……有德弗壽，豈非天乎。□□爲銘」……」……孺人之德……」……」……」……」

（劉松林）

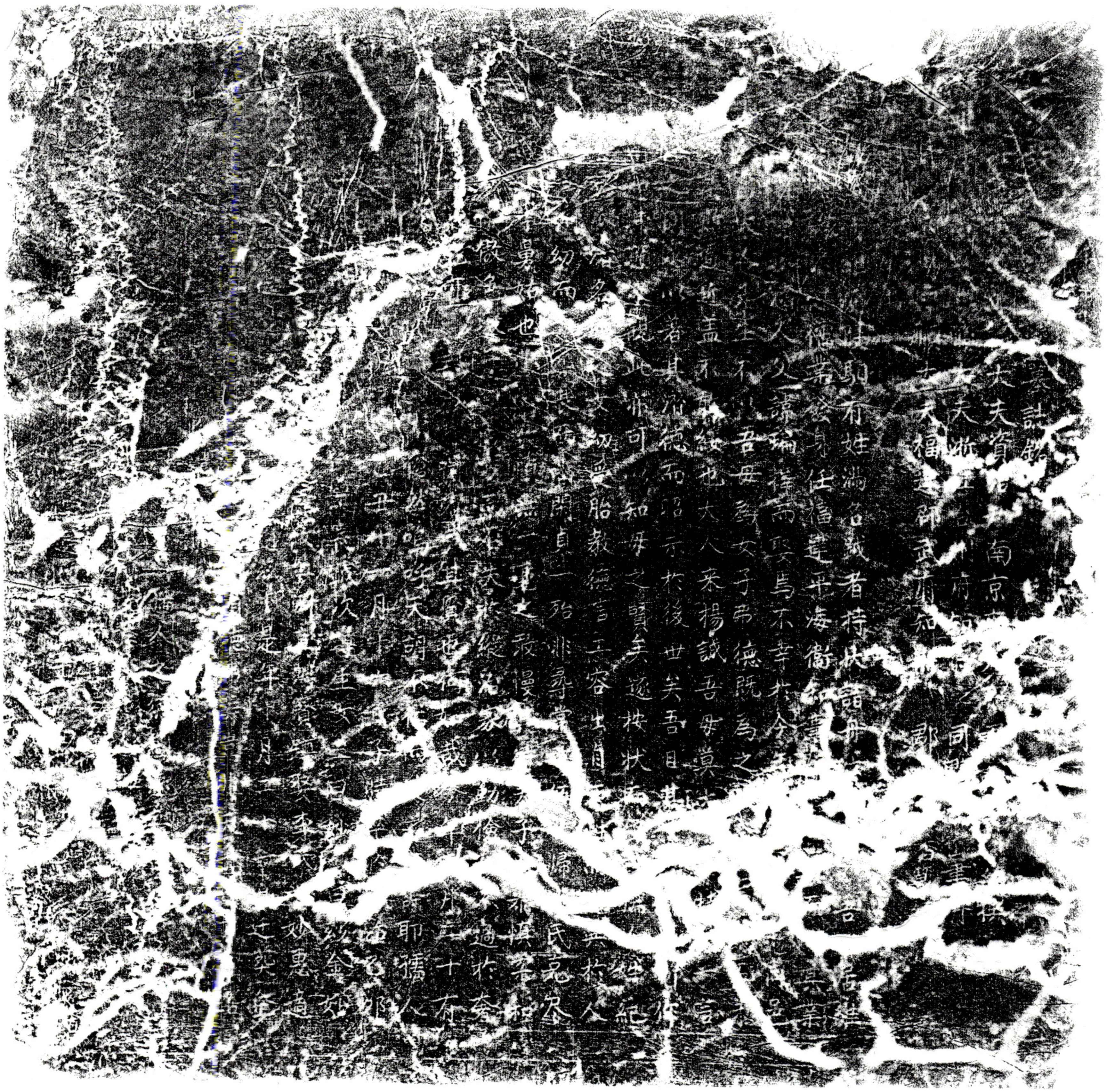

六三

揚州城西出土。青石質，一合，誌蓋、誌身風化嚴重。誌蓋邊長五〇釐米，厚一〇釐米，周飾雲紋，蓋面字迹較模糊，篆書三行九字。誌身邊長五〇釐米，厚一〇釐米，表面字迹多模糊不清。據前誌，馬岱於弘治二年至六年前後任台州知府，此誌約與同時。

六四　明樂庵翁墓誌

卒葬年代不詳，宣德四年（一四二九）生

【誌文】

……誌銘」

……夫□□按察司提學副使前□□□□正郎……［撰］」

……兵科給事中前翰林院庶吉士邑人高湝書」

……士出身試都察院政鄰生徐□篆」

……字□昭，別號樂庵，世爲江都望族，□□系□沿海□□□□□……」……禮，父文華，俱以隱德稱。文華配宋氏，而生翁於宣德四年……」……少勤於職，□在江湖間，以化居爲術，尋起亨途，與□□□□□……」……也，事怙恃極誠款，出入起居，無違顔事。伯兄本□□□□……」……□家勢益□，郡邑擢居里正，翁則黽勉悉力於公，不違□□而□……」……□邑侯每重其能事，而里人化之。有□□□□□□□□……」……□焉。晚年卸事家居，日以教子孫□□□罄其□……」……□□之曰：活人，吾家分内事，人之□□□□而□□……」……□□濟多而□□厚業益□焉。齒德□尊……」……」……以□□□□榮者卒□□。翁之賓友……」……」……是□……」……」……氏長……」……生孫□□□……」□孫……□聘庠生……」□癸□……塋……」……」……而繁□□……」……□其銘曰：」

……壽……」……」

（朱超龍）

僅存誌身，青石質。方形，邊長六三釐米，厚一二釐米。風化較甚，右上角有破損。誌文楷書，大部分内容模糊不清。

六四

六五　明澹庵李先生墓誌銘

年代不詳

【誌文】

……先生墓誌銘」

……中順大夫清苑吴𣸣撰文」

……奉議大夫洛陽𡍼劄書丹」

……使司經歷邑人樊輔篆蓋」

□□□□□□□□□□□□□□□□塞，而志有遂不遂焉，不遂則功」□□□□□□□□□□□□□□□□□然者，其澹庵李先生有是歟，」□□□□□□□□□□□□□□□□□□□□□□□□□□□」謙□誠恪寡言□□□□□□□□□□□□□□□□□□□□」□趣，朋輩多推尚之也，家學□□□□□□□□□□□□□□□□□」丁丑始就瑞之上高儒學訓〔導〕□□□□□□□□□□□□□□□」□會簡文學端謹□儒臣以□□□□□□□□□□□□□□□□□」□特受」[敕]命爲登仕佐郎伴讀，夙夜祇□□□□□□□□□□□□□□□□」王寵眷荐厚薦之□俸秩六品□□□□□□□□□□□□□□□□」□賜自二大楷揭以景仰□□□□□□□□□□□□□□□□□□」之先生推誠□□獄無滯冤□□□□□□□□□□□□□□□□□」丁酉十二月二十二日未時□□□□□□□□□□□□□□□□□」揚州衛百户烈之女，先卒無□□□□□□□□□□□□□□□□□」□以疹喪明女二曰貞潔適□□□□□□□□□□□□□□□□□□」□扶□歸，弟瑀治喪，以是年□□□□□□□□□□□□□□□」於乎！先生學優才贍，操□□□□□□□□□□□□□□□□□」君子惜乎命不與通不□□□□□□□□盡職□□□□□□□□」而無愧□歟。予□同知□□□爰述其槩，而爲銘於墓曰：」

□猗□□□蚤掇巍科而淹延於冷職，羌見知……」[三]又不□□□□□□□□□□□才靡通，蹇命之蹇，不忮不求，繄先生之……」……餘兄」……水流清兮不息君子之風，君子之澤」

（薛炳宏）

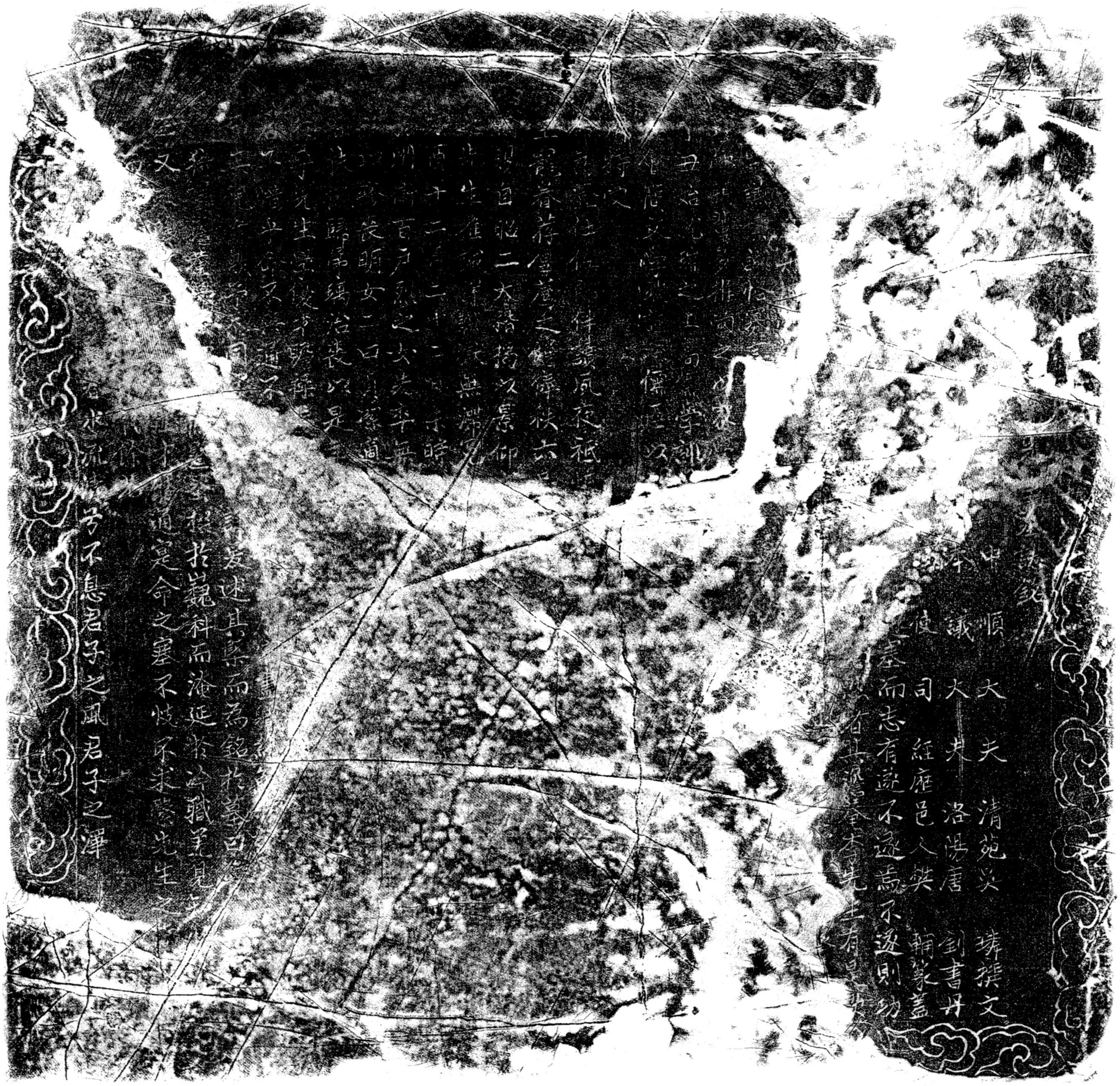

六五

僅存誌身，石灰岩質。方形，邊長五六・五釐米，厚五釐米。誌文殘泐較甚，字迹大部分不存，共二三行，滿行二八字。

六六　明仙源縣君曾氏墓誌銘　年代不詳

【誌蓋】

仙源縣君曾氏墓誌銘

【誌文】

……仙源縣……曾弌……」

□□□□□尚書□□□□□□□□□□□□□」□□□□□道公以□□□□□□□□□□□□」□□□□□□□□□□□□□□□□□□□□」□□□以□□□□□□□□□□□□□□□□」□□求人其□□□□□□□□□□□□□□□」□□□□人□□取其□□□□□元□□□□□」□□□□曰□□□□□□□□□□□□□□□」□□□□□□□□□□□□□□□□□□□□」□□□□□□□意故□□□□□□□□□□□」□□□□□和兒以也□□□□□□□□□□□」□□族□□□□□□□□以求人□□□□□□」□君爲人□□□□山以儀度□□人□□□□□」□也與人□□其□求其後□□□□□□□□□」□以其傳五□□□年□□□□□□□□□□□」□□□其夫□□□□□□□□□□□□□□□」□有子男二人曰□□□□□□□□□□□□□」先魯人，今家建昌事□□□□□□□□□□□□」文館贈右諫議大夫□□□□□□□□□□□□」都官郎中諱易惠之□□□□□□□□□□□□」揚州江都縣東興鄉□□□□□□□□□□曰：」既艱其生，又……」□□郎□大理寺丞……」

（劉松林）

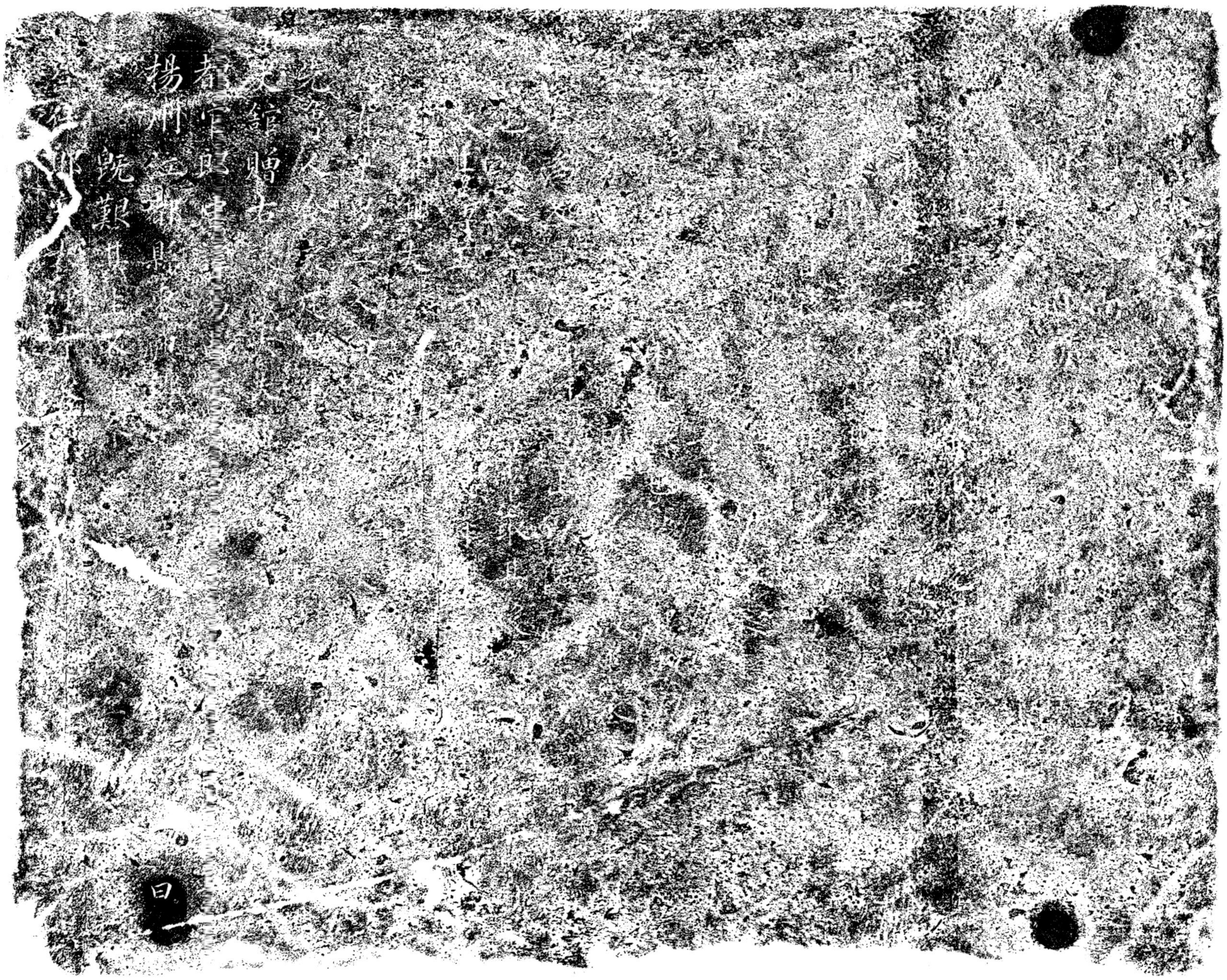

邗江區新盛街道出土。一合，花崗岩，風化嚴重。誌蓋殘高七四釐米，寬八六・五釐米，厚一二・三釐米，蓋面字迹較清晰，篆書三行九字。誌面殘高七三・五釐米，寬八五釐米，底部殘高七八釐米，寬八〇釐米，厚一二・五釐米。誌文字迹模糊不清，共二三行，滿行二〇字，多數不可辨識。

六六

六七　明故中憲大夫湖廣岳州府知府東野王君墓志銘（蓋）

年代不詳

【誌蓋】

明故中憲大夫湖廣岳州府知府東墅王君之墓

【誌文】

……」
□□□□□□□□□□□□□□□□士□生……」
□□□□□□□□□□□□□□□□□書篆」
□□□□□□□□□□□□□□□□□□□□無益於□尚何銘哉。若夫女」□□□□□□□□□□□□□□□□□□□先□別駕許公之配倪宜
人，」□□□□□□□□□□□□□□□□□□□在闈幃問遵姆教，學女事工」□□□□□□□□□□□□□□□□□□□□此女當不□凡，子慎
爲」□□□□□□□□□□□□□□□□□□□□曰：異日必顯貴，遂薦入」□□□□□□□□□□□□□□□□□□□□婦道，事舅姑惟謹。公
時在」□□□□□□□□□□□□□□□□□□□□公請有公恒少君之風。其」□□□□□□□□□□□□□□□□□□□□□燈者磬，同其起
居。公謂」□□□□□□□□□□□□□□□□□□□□□謂其教事如孟德耀」□□□□□□□□□□□□□□□□□□□□□□□□□□□
給而宜」□□□□□□□□□□□□□□□□□□□□□未足以見宜人之執禮」□□□□□□□□□□□□□□□□□□□□□從師學□遺遊郡
庠復」□□□□□□□□□□□□□□□□□□□□一州一郡，治績稱最，其」□□□□□□□□□□□□□□□□□□□□其事遂□。嗚呼惜哉，
伉儷」□□□□□□□□□□□□□□□□□□□無飲水者□□意侵尋遘疾」□□□□□□□□□□□□□□□□□□□□其生於正□戊辰季夏
三」□□□□□□□□□□□□□□□□□□□□□可待娶。予師葉亯坐先」□□□□□□□□□□□□□□□□□□□□□適名家子□以俱先
卒」□□□□□□□□□□□□□□□□□□□□□□新阡於□城東北淮」□□□□□□□□□□□□□□□□□□□□□□□行實狀索予銘」
□□□□□□□□□□□□□□□□□□宜人又爲賢母」□□□□□□□□□□□□□□□□□□□曰：」
□□□□□□□□□□□□□□□□□□□□其固有不以豐約而移」□□□□□□□□□□□□□□□□□□□□來裔以蕃昌偕坤」
……」

（劉松林）

二〇一七年邗江區西湖街道經圩村劉家溝圈（四季金輝建築工地）出土。砂石質。方形，邊長五五釐米，厚一一・七釐米。蓋面局部風化，字迹較清晰，篆書四行十九字。據前明故雲川王先生（沛）墓誌銘，王沛父岳州公王儼，或即此岳州知府東野王君。王儼，又見前明故壽官逸樂盛公（宗）孺人薛氏合葬墓誌銘篆蓋者。盛宗夫婦正德十六年（一五二一）合葬，王沛嘉靖三十四年（一五五五）「祔城西金櫃山岳州公之墓葬焉」，王儼卒葬時間當在其間。

六七

六八　明恩榮散官匯川于公墓誌銘（蓋）

年代不詳

【誌蓋】

明恩榮散官匯川于公墓誌銘

青石質。方形，邊長七七釐米，厚一三釐米，邊沿風化殘缺。蓋面字迹工整、清晰，篆書三行十二字。

（劉松林）

六九　明故承德郎南京太醫院院判菊潭于公墓（蓋）

年代不詳

【誌蓋】

明故承德郎南京太醫院院判菊潭于公墓

（朱超龍）

砂岩。方形，邊長五七～五八釐米，頂部邊長五八・四釐米，厚一〇釐米，左下角破損不存。篆書五行十七字。

七〇　明密州教授王君墓誌銘（蓋）

年代不詳

【誌蓋】

密州教授王君墓誌銘

（魏旭）

青石質，近方形，邊長八五～八九釐米，厚一三·五釐米。右下角殘損，右下部風化嚴重。篆書三行九字。

七一　明故方室强孺人墓誌（蓋）

年代不詳

【誌蓋】

明故方室强孺人墓誌

青石質，方形，邊長四四釐米，厚七釐米。篆書三行九字。

（朱超龍）

七二　明武略將軍七溪張公墓誌（蓋）

年代不詳

【誌蓋】

明武略將軍七溪張公之墓

方形，邊長五一釐米，厚一〇釐米。破碎成數塊，左下角殘缺。篆書四行十一字。

（魏旭）

七三 明周母李孺人墓誌（蓋） 年代不詳

【誌蓋】

明故周母李孺人之墓

青石質。方形，邊長四九・二釐米，厚七・八釐米，周飾卷草紋。篆書三行九字。

（朱超龍）

七四　明王母徐孺人墓誌（蓋）

年代不詳

【誌蓋】

有明王母徐孺人之墓

青石質。方形，邊長五五・五～五六・八釐米。篆書三行九字。

（朱超龍）

七五　明承事郎徐公墓誌（蓋）　年代不詳

【誌蓋】

有明承事郎徐公之墓

（朱超龍）

青石質。方形，邊長六一釐米，厚一一·五釐米。篆書三行九字。

七六　明故許母太宜人顧氏墓誌（蓋）

年代不詳

【誌蓋】

皇明故許母太宜人顧氏之墓

（朱超龍）

青石質。方形，邊長五六·五～五七釐米，厚一〇釐米。篆書四行十二字。

七七　明馬公并安人墓銘（蓋）

年代不詳

【誌蓋】

户侯馬公并安人墓銘

青石質。方形，邊長五一～五二釐米，厚八·二釐米。篆書三行九字。

（朱超龍）

七八　明張宜人薛氏墓誌銘（蓋）　年代不詳

【誌蓋】

故張宜人薛氏墓誌銘

【誌文】

……

……邑人……蓋」

……修南昌張元……書丹」

……諱……文□前……」……之庶孫□□□□處士三……」……書明□克孝□□且……」……具保不戒□處士其有之……」……子弟之道用是都邑……」……出一弟也□年以來不以……」□招邀故□□□□泉連理秋虚……」□可謂識性□之道□□□□矣一……」□辰將長往矣。不可□□□□□中堂而慎可以□之矣。天順」七年十一月二十一□□□□巳□，得七十有一□之……」鼻上跪拱……日……」三人孟名……世其業邑□之……」其三婦焉。女一……張君……」也。孫男四人，男□□□者……」□妻汪所産……」鄉張密莊寅……□□□之……」血請銘封壙。爲之銘曰：」

處世之生，惟德之行；□□克悌，」□□既喪；仁義斯尚，鑒□□寧；」□□人去，□□成林；□□□□，」□□□□；一疾□起，□□□□。」

（劉松林）

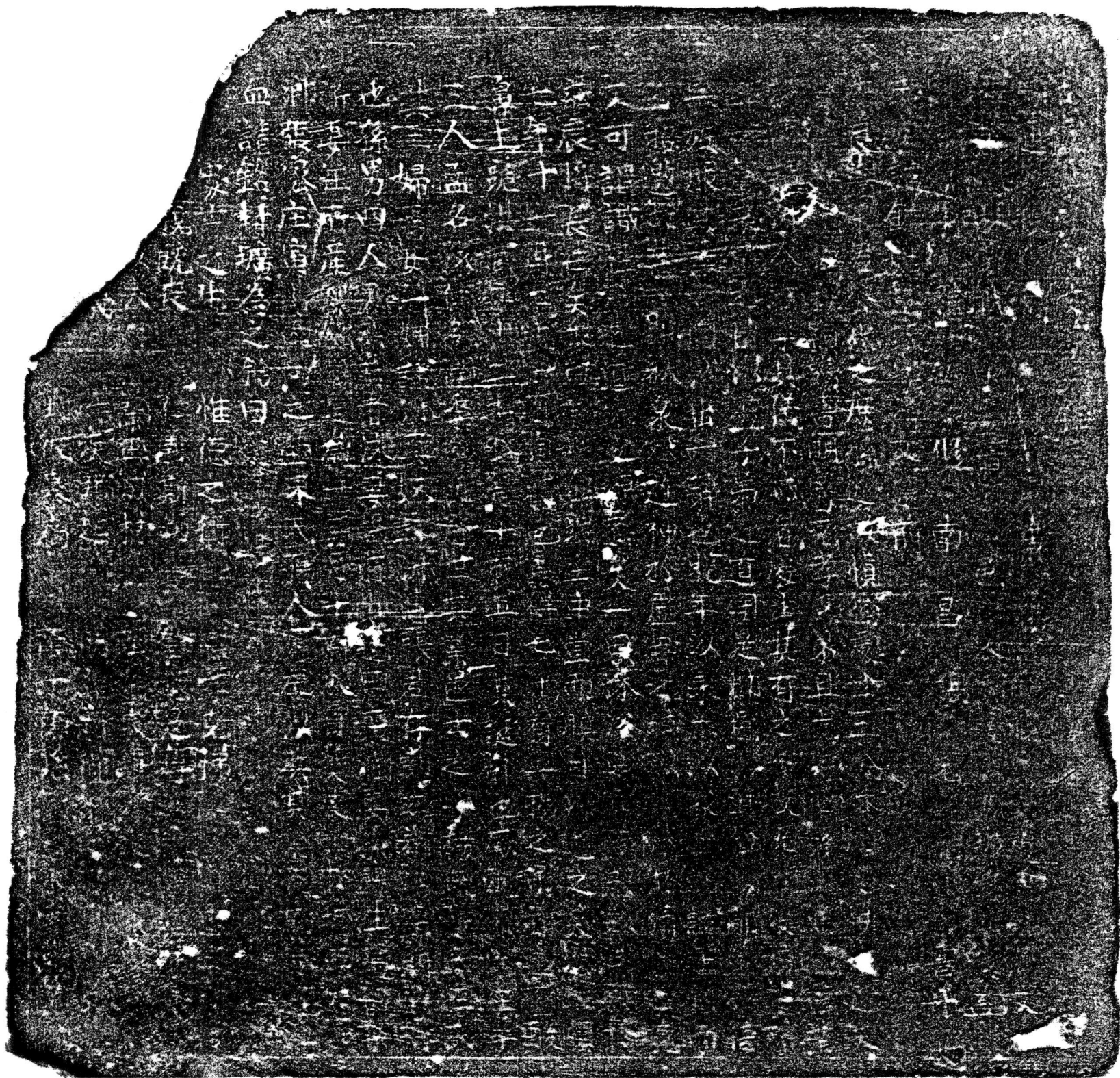

七八

誌蓋磚質，方形，邊長三五·五釐米，厚五釐米，蓋面雙鉤楷書三行九字，字間有界格，字内殘存朱紅色。

七九　明歙州鄭氏佳城山向墓誌

萬曆三十七年（一六〇九）

【誌文】

歙州鄭氏佳城山向墓誌」

於」維揚之西，金櫃山之後，迢迢兑」龍發脈轉天皇，天皇轉辛辛轉」亥，亥轉辛兮脈落清，辛龍轉亥」過癸峽，中抽亥脈兑龍入，首扦」作亥山巳向，辛亥辛巳分經。」

萬曆己酉年新安洪世俊書」

（劉剛）

七九

二〇一一年四月邗江區西湖鎮經圩村司徒南路（現碧水棲庭西側）采集。墓誌石質呈白灰色，誌面略有風化，邊緣略有殘損。未發現誌蓋，誌石平面方形，邊長四八釐米，厚一〇釐米，四邊起沿，沿寬約二釐米。誌文八行，滿行一二字。

八〇　明任西疇暨趙氏合葬買地券

萬曆三十八年（一六一〇）閏三月十九日

【券文】

雷霆都司本司福字二十六號合同地券，奉」天敕命鎮土宫掌管二十四山二十四向伏管鬼神通知，大明律令内一款。」一凡開葬新塋，立向不斬草、不立明堂、無地券者，即同盜葬論。今據」大明國直隸揚州府江都縣在城昇平坊街東面西居住奉神信士孝男」任希顔洎家眷等投詞伏爲哀告：」忝六教法，后土皇靈，地祇土皇，后母殿前，爲因恩榮官老父任欽，原命辛」卯相四月二十四日寅時生，大限迺于萬曆三十七年十月二十四日辰時壽終，老母」趙氏原命丙戌相八月十五日子時生，大限迺于萬曆元年六月初十日丑」時壽終，莅厝興化縣卜地安葬。今蒙」青鳥、白鶴、曾、楊、劉、范、九天玄女仙衆尋到老龍發嫩枝水原結局形勢大」地一所，在于七里店龍王廟西，當日憑中見引領人魏尊等，買到本縣」民人史宗麟、周登等自己祖塋外空山一塊，共該時值價銀六十兩整。立」契出賣與明故任西疇同妻趙氏做爲陰宅，寬窄在内，四至陽契明白，萬」曆庚戌年開調。子山午向，兼壬丙三分，其山五龍大運，」蓋山黄道都天寶照，帝星臨宫到山。東至甲乙青龍，西至庚辛白虎，南」至丙丁朱雀，北至壬癸玄武。其地龍穴砂水，四至明白，以上來山去水、山林」樹木並係立塚老父任西疇、老母趙氏一應所管。一取庚戌年閏三月十九日吉」時開山立向，斬草動土立券，後用二十五日庚午良利其日，衆位帝星臨山，太」陽尊星照穴，玉池尊星管事，吉，選巳時安葬其地，葬後並不許山魈魍魎神」壇社廟主□□侵占，如違，星火解送酆都，天律治以重罰。施行安葬」之後，人財永住，百子千孫，大富極貴。憑中立券，永無悔焉。

將此合同地券」奉於明故恩榮官西疇老父任公暨老母趙氏墓中存照。」

時萬曆三十八年歲次庚戌閏三月十九日吉時立券」

孝男任希顔孝孫任□□等立」

（閆璘）

八〇

二〇二一年五月，揚州市啓迪科技城（揚州市真州北路東側，果園路南側，茶園路西側，雙墩路北側，邗江區新盛街道七里甸村）采集。磚質，長三六釐米，寬三五・五釐米，厚六・二釐米。券文二四行，字數不一，文字内填朱砂。左側邊緣半字「孰合同地券明故老父任西疇老母趙氏墓中存照」。

八一　明林遇時先室曹氏買地券

萬曆三十九年（一六一一）十二月七日

【券文】

大明國浙江紹興府臨山衛信士林遇時以」先室曹氏，生於萬曆癸未伍月貳拾柒日申」時，享年貳拾玖歲，生子庭蘭、庭蒽、庭芸，卒於」辛亥年肆月貳拾陸日酉時。時用價壹拾叁」兩買得楊宅吉地於金櫃山之原，謹卜拾貳」月初柒壬申寅時奉柩安葬於壬山丙向。致」告於開皇后土元君位下，本山東至青龍，西」至白虎，南至朱雀，北至玄武，上止青天，下止」黄泉，中止亡人穴。內方勾陳，分掌四域，丘丞」墓伯，謹守封界，道路將軍，齊肅阡陌。若輒干」犯訶禁，將軍即行敕付河伯。自以牲牢酒禮」共盟信誓之後，唯祈山川鍾靈，神祇保佑，永」錫洪休。若違斯約，地府主吏自當厥禍。神其」掌握，內外存亡，永叶貞吉。急急奉太上五帝」律令敕。

萬曆叁拾玖年拾貳月初柒日具券。」

（趙静）

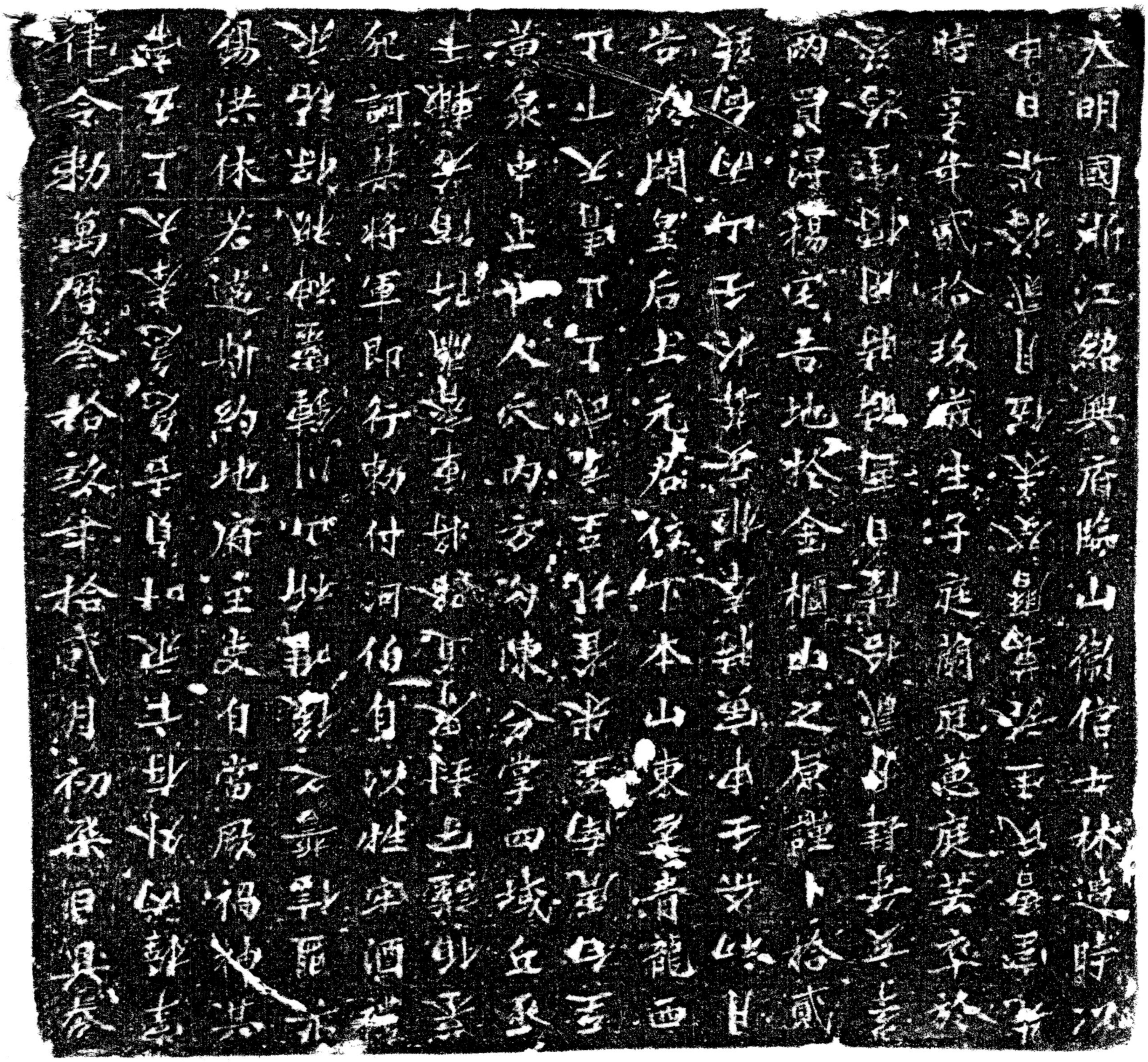

揚州城西出土。磚質，方形，邊長三六釐米，厚五・八釐米。表面輕微風化，字迹較爲清晰。券文書行款，一正一倒，文共一五行，滿行一七字。

八一

八二　明室人胡氏佳城券石

萬曆四十年（一六一二）閏十一月二十六日

【券蓋】

明室人胡氏佳城券石壹樣貳塊」

孝夫張啓元偕男德升教政孫景賢昌榮美華勝等泣立」

謹題：天皇脈息真，」氣聚穴分明。」坐乾山拱揖，」向巽水朝迎。」局大包羅密，」堂寬界合清。」卜吉黄金宅，」魁元後裔興。」

【券文】

維」大明國直隸揚州府江都縣新城内居住孝夫張啓元偕男張」德升、德教、德政，孫景賢、景昌、景榮、景美、景華、景勝等爲室人」胡氏安厝而立券曰：大造賦人次生，生必有時日，而我室人」生於嘉靖戊午年十二月十九日寅時。大造亦息人以死，死」亦有時日，而我室人享年五十有五歲，乃卒於萬曆壬子年」六月二十三日未時。是生寄死歸，去來常理，但魂升魄降，歸」土爲安。故卜吉地得于西山七里店龍王廟西，受價業主張」光，四至契載明白，乃拜請地師少川甘先生登山作壙。而先」生審勢察脉，遠覽熟視，指畫良久而相告曰：此地土厚水深，」龍彎虎抱，前有帶河纏繞而文筆拱秀，後有巒峰聳翠而界」水分明，生成墓宅，信是佳城，洵胡母之遇，實後人緣也。於是」下盤定穴，扦作乾山巽向兼地支三分，選是年閏十一月二」拾陸日乙酉良吉安葬，而又作詩勒石爲後日驗。予思地師」尚知留記，而我室人之德不誌，則異日子孫發福，寧知前人」□□所召也。第積德衆行，不暇枚舉，姑舉其大者券之。憶昔」□□北堂上汝之蘋蘩中饋，恪供其職，而婦則固彰然著也。」□□督課兒女，耳提面命，撫摩鞠育，愛無不至誠，可爲慈母」矣。若夫創業積累以垂統者，是吾兩人力也。予雖斡旋於外，」亦□而贊助于内，有德若此，胡壽若彼。縱」□□可□于後□，焉能追始者偕老之願哉。迄今觀鏡鸞之舞，」□我室人□曷勝痛恨乎。今所幸者，惟妥靈吉地，棲神得所」而已。嗚呼！惟我室人，生有淑德，死有英靈，窀穸既入，庇子蔭」□，□支□衍，代代興隆，降福後裔尚期。」

萬曆四十年壬子歲閏仲冬月念六日吉旦立。」

（閆璘）

八二

二〇二一年一〇月，邗江區產業路建設工地出土。一合，磚質。皆方形，邊長三七釐米，厚六・三釐米。出土時兩塊對扣，蓋自銘「佳城劵石」，劵身陰刻楷書，字迹較清晰，計二四行，滿行二四字。

八三　明顧名臣與方氏合葬買地券

萬曆四十六年（一六一八）十二月十二日

【券文】

維萬曆己未歲直隸揚州衛指揮今寓舊」城南門里縉紳坊面南居住孝男顧維藩」等爲父顧名臣生嘉靖乙卯年二月初二」日亥時，卒萬曆戊午年八月二十日辰時，」母方氏生嘉靖丙辰年十一月初二日子時，」卒萬曆丁巳年正月十三日申時，宅世擇」此城西大儀鄉西花臺祖塋側之原，龍來」去朝迎，□結□爲宅兆，扦作丁山癸向分」金，左青龍，右白虎，前朱雀，後玄武，內方勾」勝，分劈四域，丘丞墓伯，謹守刊界，道路將」軍，齊正阡陌，故炁邪精若有干犯，並令將」軍即行□付河伯，令□□酌脯醇，共爲丹」券。卜季冬十二日巳時安葬，山川鍾靈，神」祇保祐，永錫洪庥。若違斯約，地府主吏自」當厥禍，神其掌握內外存亡，永□貞吉，悉如」五帝使者女青律令。今奉先父顧公、母方氏收執。」

（朱超龍）

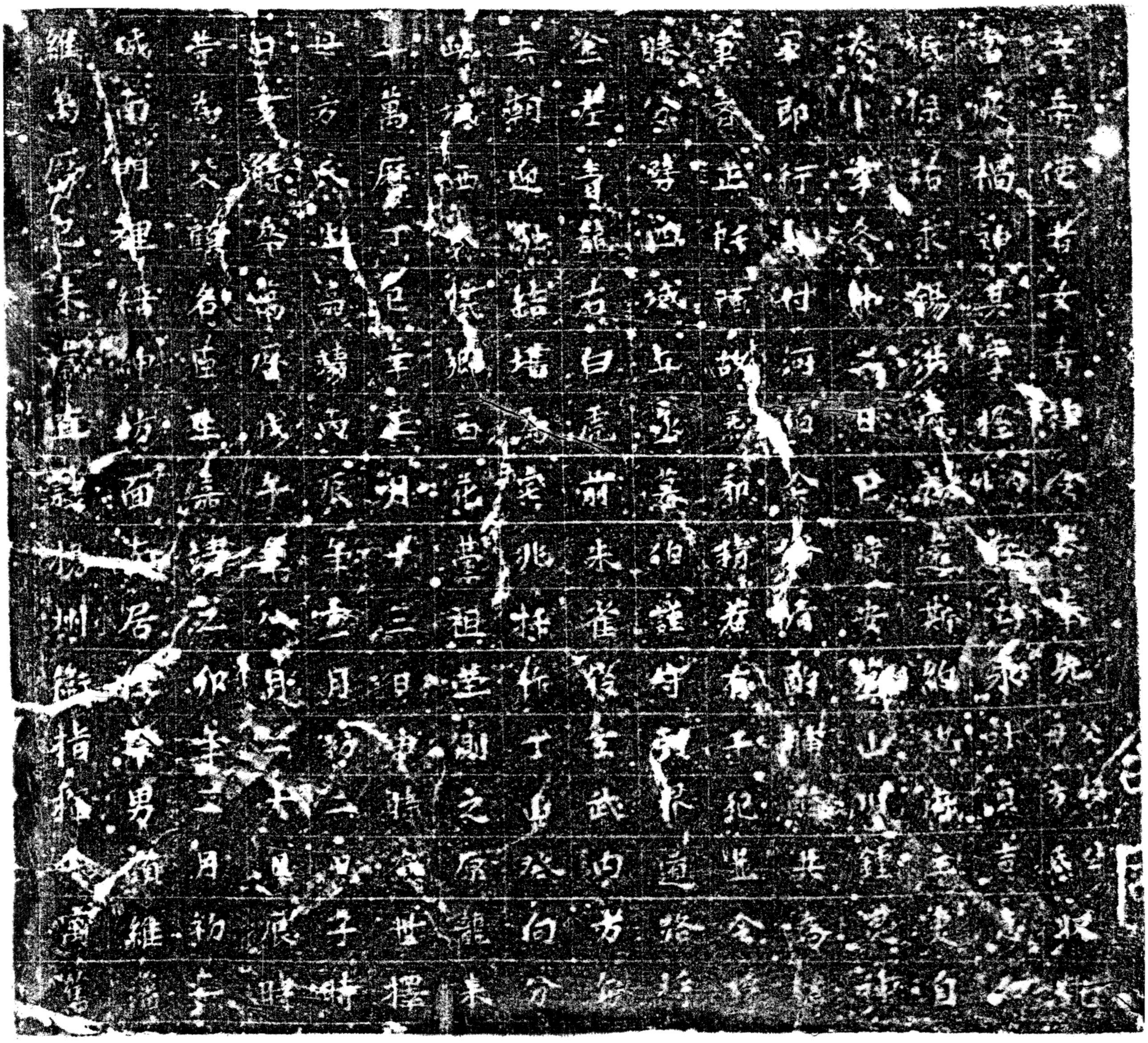

八三

二〇一〇年邗江區西湖鎮俞橋村出土。磚質。高三五釐米，寬三七釐米，厚六釐米。右下陰刻「合同」二字左半，券文間有界格，共一六行，每行一六字。

八四　明姚公買地券

天啓六年（一六二六）十月十七日

【券文】

維」大明天啓六年歲次丙寅十月十七日丙辰……鄉」皈仁里小□□肖□□人氏，今在……住」孝子姚正時伏□亡逝者老父□□姚公□□□□□，生于萬曆……年十月初一日辰」時受生，大限喪于天啓六年正月十五日子時。□□奄逝以來，卜筌地，夙」夜憂思，不遑寢處，遂令日者卜北高原……吉地屬本府江都」縣上方寺後之原，宜作」甲山庚向，堪爲宅兆，出給價銀兩到□人陳□□□下禄地一方。東至本主地界，」西至楊宅地界，南至本主地界，北至李宅地界，四至明白，」寬窄在內，自備財錢之儀兼五綵信帛於」皇天后土處，買到龍子崗陰地一方，左至青龍，右至白虎，前至朱雀，後至玄武，上詣」青天，下詣」黄泉，中穴係是振宇姚公永爲陰宅。」內方勾陳，分掌四域，丘丞墓伯，封□界畔，道路將軍，齊整阡陌，千秋萬歲，永無」殃咎。」若有干犯，立今將軍縛付河伯，□□采宅，□□酒脯百味香薪，共爲」信契，財地交相，各已分付，令匠修筌安措已後，永保全吉。」知見人：歲主□□，月主人已□。代保人：日直符丙辰，」時直符壬辰。左鄰人：東王公，右鄰人：西王母。」驗地人：白鶴仙。書契人：青衣壺子。」故氣邪精，不得干犯。先有居者，永避萬里。若違此約，地府主吏，自當其禍。助葬」主內外存亡，悉皆安吉。急急如」五帝主者」女青律令。」

右券給付墓中亡者振宇姚公永遠付身執照。」

（朱超龍）

八四

邗江區城北街道出土。磚質，方形，邊長三六釐米，厚四釐米。破裂爲二，其上陰刻券文，券文書刻不謹飭。

清代墓誌

附墓碑、地券、地磚

八五　清待封明海公張翁墓券　康熙十六年（一六七七）十一月二十九日

【券蓋】

恭賀」

待封明海公張老親翁」

讚曰」

雍容張公，上古高風；」

天眷厥德，地脈永隆；」

若子若孫，婂婂融融；」

爾壽爾富，福禄攸同。」

皇清賜進士第内府中書科」外家眷弟湯彭年頓首拜書

【券文】

墓券」

大清國康熙丁巳年壬子月壬寅日，浙江金華府蘭谿縣原籍，今」寄寓江南揚州府江都縣孝信張旭，以」先考明海公生于萬曆辛亥年六月初九日亥時，卒于順治九年四月」初二日亥時，厝柩未雍，今卜御葬坟東首亥脈扦癸山丁向之原，」並龜叶吉，卜易允臧，謹憑白鶴仙師用金泉九萬九千九百九十九貫」文虔誠致敬于」開皇后土元君位下，買到本山東至青龍，西至白虎，南至朱雀，北至玄」武，上至青天，下至黄泉，中至亡人吉穴。內方勾陳，分掌西域，丘丞墓伯，」謹守封界，道路將軍，齊肅阡陌。若輒干犯訶禁，將軍即行敕付河伯。」今以牲菜酒礼，共盟信誓，財地兩相交付。謹擇十六年十一月二十九」日天地開通日吉時良，迎柩安葬。山川種靈，神祇保佑，內外」存亡永錫洪庥，允升貞吉，急急奉太上五帝律令敕下。」

（閆璘）

八五

二〇二二年三月，揚州市邗江區西區新城中學（初中）地塊建設工地出土。一合，磚質。皆方形，邊長三五釐米，厚五釐米。出土時兩塊對扣。券身陰刻楷書，自書「墓券」。墓券計一三行，滿行三三字。

八六　清明威將軍長淮衛督運守備西函吴公（琅）暨元配方太恭人合葬墓誌銘

康熙四十七年（一七〇八）正月六日

【誌蓋】

皇清明威將軍長淮衛督運守備西函吴公暨元配方太恭人合葬墓誌銘」

墓誌銘

【誌文】

吴子廷奎以太翁暨太君之行實請銘於余，余以太翁與太君懿德閫範，久著寰區，何必余誌，且美不勝誌，聊誌其」概而已。吴公名琅，字西函，號静齋，休寧商山人。遡其世緒所由來，寔延陵季子之苗裔，世居於徽，自唐左臺御史少」微公始家休寧商山。則自宋子明公禮學傳至高祖惟登公，特授武英殿中書舍人。曾祖倉皋公陝西平涼府別駕，」歷有政績，迄今父老追憶其澤，猶稱頌不衰。祖國學皋門公，幼齡聰慧，横經橋門，留意程朱之學，言動不苟，人皆奉」爲楷模。父敬夫公，沔陽州州佐，里人懷德頌恩，伏臘不虚祀典。暨西函公賦性英敏，沉酣經史，風雨晦暝，手不釋卷，」尤喜讀孫吴書，精明韜略。壬午科獲隽鄉薦，繼復高掇丁酉鄉科，初任鳳陽中衛左所千總。緣歷朝督運，從未有全」完者，公創始完之。陞任長淮衛督運遮陽帮守備，時運丁强悍，恣意横行，公以德化，靡不翕然丕變。丁有逋糧者，解」囊以代償，有不給者，捐俸以周急，糧艘之丁，前後悉利賴之。雖隸武職，而談詩説禮，彬彬然有儒者風，一時碩彦，造」廬奉教，望見顔色之恐後，而公虚懷自若也。凡親族力不能姻喪者，慨然相助，絶無難色。明末歲荒，逃亡載道，公出」粟周恤，里中頼以全生者萬餘計。奉二親，承歡色養，謹順無違，疾則侍湯藥，不解衣帶者數月。至昆弟之間，友于誼」篤，從無間言，爲九族推重。令嗣廷奎，幼承庭訓，博史窮經，待人處己，坦白率真，人多欽服。由國學考授州佐，緣甘旨」情切，遂未捧毛子之檄，而孝友可風，家政釐舉，由此昌大其門，正未可量也。然則公之德業文章，昭昭天壤，身雖没」而如不没也。恭人爲歙羅田方正輔公長女，生而幽閒，深明道義。結褵之後，克承西函公之志，孝以承先，惠以逮下，」琴瑟静好，雜佩贈遺，雖屬伉儷而不啻如良友之助焉。公因勞於王事，染疾弗瘳，而恭人冰操四十餘年，茹荼飲蘗，」教子成家，殆慈母而兼嚴父者耶。廷奎亦能無違慈訓，不墜家聲，是事母而若事父者耶。今將致君澤民，佇見宏猷」偉績，勒旌常而銘鼎彝。公與恭人雖未及見，然亦可大慰在天之靈矣。公生前明萬曆四十五年十二月十七日，卒」於」皇清順治十七年十二月二十七日，享年四十有四。恭人生於前明萬曆四十四年四月十六日，卒於康熙四十二年」六月十七日，享年八十有八。子一人，廷奎，注選州同知，娶貢士程公再年長女。女三，長適文林郎浙江衢州府江山」縣知縣張配乾。次適丁起龍。次適戴兆亨。孫二，堯年、庚年。曾孫一，維嵩，幼未聘。曾孫女一，幼未字。今以康熙四十」七年正月初六日合葬於揚州西郊徐家橋之陽，因爲之銘。銘曰：」

公之先籍，白岳練川。天鍾正氣，忠節各全。祔藏此丘，克昌後賢。銘之碑碣，共保貞堅。既安且利，億萬斯年。」

賜進士出身文林郎福建建寧府知浦城縣事壬午科奉聘充本省同考官年家眷姪孫振頓首拜撰文」

賜進士出身吏部候補主事前湖廣鄖揚府知鄖縣事己卯科奉聘充本省同考官年家眷姪鄭晃頓首拜書丹」

欽授文林郎貴州銅仁府知銅仁縣事前江南廬州府廬江縣儒學教諭年家眷晚生王琳徵頓首拜篆蓋」

（吴一丹）

一八八

揚州城西出土。一合，青石質。誌蓋方形，邊長六〇・五釐米，四邊起沿，沿高一・二釐米，寬三・一釐米，總厚度一四・五釐米，篆書一行三字。誌身方形，邊長五二・五釐米，厚一五釐米，四周減地使誌面凸出，凸起一釐米。誌面有輕微風化，上有數道小裂紋，表面字迹基本清晰，誌文共二四行，滿行四四字。

八七 清鄉耆殷任士與王氏合葬墓誌 雍正四年（一七二六）十月

【正面】

大清雍正四年歲次丙午孟冬月吉旦」

皇清鄉耆先考任士殷公、妣王氏孺人墓」

公生子三人，長男殷執中，次男允中。」三男致中，於雍正」三年去世。」

【背面】

佳城係卯龍入首，」取乙山辛向兼卯」酉三分，辛卯辛酉」分金。」

葬期八字：」丙午年」戊戌月」丁卯日」丙午時。」

祝曰：」五星在地，」神祇保佑。」太白居左，」歲星居右。」正星居中，」五星攝授。」亡者安穩，」生人福壽。」

引至：張堅固、李定度。」點穴仙人：青鳥子、白鶴仙。」見證：后土之神。」

（趙静）

八七

磚質，方形，邊長三四釐米，厚四釐米。

八八　清鄉耆殷任士與王氏合葬買地券

雍正四年（一七二六）十月

【磚文】

維」大清國江南揚州府江都縣瓜洲鎮在城第七坊居住」孝子殷執中、允中敬爲，先考任士公生於崇禎乙亥年」九月十九日卯時，卒于康熙癸未年六月二十六日申」時，先妣王氏孺人生于崇禎丙子年十二月初八日子」時，卒于康熙乙酉年十一月二十九日辰時。奄逝以來，」未嘗深葬，今蒙張堅固引至開皇帝主位下，擇此高原，」允協佳城，筮龜叶吉，卜焉永藏。謹憑白鶴仙師用備青」銖九萬九千九百九十九貫，置買揚子橋内潘家橋地，」方卯龍入首扦乙山辛向，加卯酉三分辛卯辛酉分金。」其地前至本宅水田爲界，後至水溝爲界，左至水田爲」界，右至水田爲界，四至明白。買到主李、劉二宅名下，價」銀陸拾弍兩整。墓地一方，左至青龍，右至白虎，前至朱」雀，後至玄武，上至青天，下至黄泉，中至亡者吉穴。況善」人□天之克相吉地，乃神之所司，未敢擅專，謹以牲醴」致告于皇天后土、九壘高皇，謹選雍正四年歲次丙」午十月初九日午時十全大吉良辰，奉柩安葬，一切方勝魍魎毋得干犯，若違斯約，土府主吏自當厥禍。葬後祈佑子蔭孫螽斯，慶衍流長，多福多壽，多子多孫，綿綿富貴，世世榮昌，福壽無疆之應兆也。」

孝子殷執中、允中薰沐立券。」

（孫晨）

大清國江南揚州府江都縣瓜洲鎮在城第七坊居住
孝子殷敬中允中欽為先考任士公生于崇禎乙亥年
九月十九日卯時卒于康熙癸未年六月二十六日申
時先妣王氏孺人生于崇禎丙子年十二月初八日子
時卒于康熙乙酉年十一月二十九日辰時奄逝以未
卜營[illegible][illegible]張監國引至開皇帝主位下指共高原
允協住以筮龜叶吉卜易永藏謹遇白鶴仙師用备青
蚨九萬九千九百九十九貫買揚子橋內潘家橋地
一方卯龍入首折乙山辛向加卯酉三分辛卯辛酉分金
其地前至本宅水田為界後至水溝為界左至水田為
界右至水田為界四至明白買到王李劉二姓名下價
銀拾貳兩整墓地一方左至青龍右至白虎前至朱
雀後至玄武上至青天下至黃泉中至大吉者吉穴瓦善
人[illegible]天之克相吉地乃神之所司不敢擅專謹以牲醴
張吉于皇天后土九壘高皇謹選雍正四年歲次丙
午十月初九日未時十全大吉良辰奉柩安葬一切方
隅魑魅毋得干犯若違斯約土府主吏自當威福善後
[illegible]二曾孫各斯慶衍流長多福多壽多子多孫綿綿
[illegible]世世宗昌福壽無疆之應兆也
孝子殷敬中 允中 董沐立券

八八

揚州城南出土。磚質，方形，邊長三五釐米，厚四釐米。字間有陰綫界格，邊長一・六釐米。

八九　清内閣中書田友方公（願仁）暨元配吴孺人合墓誌銘

雍正六年（一七二八）八月十二日

【誌蓋】

皇清丙子科舉人考授徵仕郎内閣中書田友方公暨元配吴孺人合墓誌銘

【誌文】

皇清丙子科舉人考授徵仕郎内閣中書田友方公暨元配吴孺人合墓志銘」

年家眷同學世姪儲掌文撰文」

年家眷仝學晚生喬起雲書丹」

眷弟余華瑞篆蓋」

孝廉方先生既没之二年，其孫天佑輩始得吉卜，將伐石以厝諸幽宫，而以銘來請。余不善爲銘，又」年位不稱，非足以銘先生者。惟是先大父在陸府君，與先生嘗有一日之雅矣，予通家子行也。十餘」年來，客遊儀揚間，辱與先生仲孫常泰交，益得聞先生立身訓後之大略，其敢辭銘。先生諱願仁，字」田友，姓方氏。世爲歙之聯墅里人，自其祖父以鹽策起家，徙於揚，今又爲揚之江都人。祖武城公，諱」立禮，事後母至孝，事載郡邑志。父贊五公，諱成可，慷慨饒大略。生丈夫子七人，先生其第四子也，少」聰穎，甫就塾，出語驚耆成。弱冠爲文詞，數十紙可立就。然先生不自足，益以遠到自期，盛暑隆冬雒」誦之聲徹户外。既數舉不利，則喟然曰：吾學非邪？得無南其轅而北行邪？聞先大父名，不遠數百里，」具書幣延致於家，晨夕商榷，稔知古今文章利病，恍然曰：得之矣。先大父論文，必原本六藝，泛濫先」秦兩漢中唐北宋諸家，而束之以陳唐矩矱，與世俗異趣，世俗怪且迂者亦時有，獨先生知之，深信」之篤。其後吴侍御、相湖汪進士潫溪争執贄門下，先後取科第，翕然以能文名，先生其首庸也。先生」旋以丙子秋舉於鄉，其季子寄籍湖廣，亦同科並雋，里人榮之。先生不色喜，進取志益堅然。父子卒」屢困公車，中年家難作，顛頓狼狽，有人情所難堪者。事久冰釋，而往時壯志消耗略盡矣。晚年例得」謁選，先生曰：折腰斗米，高人不爲。吾老矣，毋事僕僕馬蹄間也。閉門著書，不問户以外事。閒與二三」老友觴詠竟日，故卒以孝廉老云。先生爲人沉毅善斷，遇事直前，無所梗避，不妄交匪人，有以非理」干者，峻拒之，不少假詞色。方五六歲時，父贊五公命之曰：汝知吾名爾仁之意乎？非濡忍不決之謂」仁，而激發有爲之謂仁，仁而以剛出之，乃吾所願於爾也。先生謹志之不敢忘，及贊五公寢疾彌年，」先生朝夕問視罔間，則又進而命之曰：女侍吾久，吾知女深，某日某事，女不願與聞邪？某日某人，女」去之若浼耶？獨醒獨清，人誰容女，太剛則折，女其戒哉。其後先生以坦衷介節積成怨府，外侮與内」釁交訌，幾蹈不測，一如贊五公所料然。先生守初訓，不少悔於厥心，事亦旋解，曰：吾所知者，是非可」否，理當如是而已。患難之來，有不在我者，吾豈以洶洶故易其行哉？晚更號守剛，且爲之説以示諸」子，謂：而父不足法，乃若仁者之剛，嘗奉教於先人矣。嗚呼！其可謂始終一節，特立不回之君子也。先」生雖性不諧俗，然樂與賢人君子遊，握手訂交，白首無間，待故人子尤盡恩意。其貧不能婚葬者，必」罄力助之。平居篤念祖德，教子孫以讀書砥行爲先，閫門肅然，儼若朝典。年七十，預作陎計治命，列」慎終十條，各系以詩，悉皆斟酌儒先，一洗陋俗，此皆卓卓可傳者。先生生於順治十一年十一月初」七日，卒於雍正四年十一月二十日，春秋七十有三。元配吳孺人，歙溪南明經諱玟公女，淑慎孝恭，」茂著閫德，與先生同庚生，卒時年僅二十七。繼配程孺人，亦前卒。子四人，長天佑。次天任，國學生，於」丁未年仲冬卒。次天信，國學生。次天育，即與先生並雋者，出嗣伯兄後。女一人，適黄。孫四人，長常珍，」國學生。次常泰，次常珂，次常琰。曾孫三人，長椿生，次特生，次篤生。雍正六年八月十二日天佑輩奉」先生之柩與吳孺人合葬于城西十三里廟之原，而其通家子儲掌文拜手而爲之銘。銘曰：」坤厚載物，其動也剛。先生得之，直大以方。康道而行，隨與禍會。予積信芳，卒以無悔。□悲薄俗，□祶」苟容。先生遇時，狂瀾使東。行或居之，道泰身否。琅琅格言，式訓爾子。豈惟訓子，亦又詒孫。弓裘勿替，」振振繩繩。峨峨高原，此焉歸藏。我爲之銘，百世不忘。

丹陽華皎昌摹勒」

（孫晨）

八九

揚州城西出土。一合，石質。誌蓋方形，邊長六一·五釐米，厚一五釐米，周緣起沿，主體部分打磨光滑，呈灰白色，表面輕微風化，左上角略殘損，篆書六行三〇字。誌身方形，邊長五一釐米，厚一六釐米，四周起沿，主體部分打磨光滑，呈灰白色。誌文三六行，滿行四〇字。

九〇　清誥授中憲晋封通奉大夫江西吉南贛寧兵備道汪竹素墓碑

道光十年（一八三〇）十一月

【碑文】

道光十年十一月吉旦」

皇清誥授中憲大夫晋封通奉大夫江西吉南贛寧兵備道汪公竹素府君之墓」

子彦樹，孫繼、紹曾謹立石」

（劉松林）

九〇

道光十年十一月　吉旦
皇清誥授中憲大夫晉封通奉
大夫江西吉南贛寧兵備道
公竹素府君之墓
子彥樹孫紹曾謹立

二〇一六年北城路與運河北路交界一帶采集。碑石呈灰白色，墓碑總體呈長方形，碑首爲圓角，高二一〇釐米，寬六四·五釐米，厚一三釐米。

九一　清欽賜六品武職軍功賞戴藍翎張敬美墓碑　咸豐三年（一八五三）七月

【碑文】

咸豐三年七月吉日立」

皇清欽賜六品武職軍功賞戴藍翎直隸永平府臨榆縣張公諱敬美之墓」

六月十九日陣亡」通永鎮□永協左營步兵」

（劉松林）

九一

碑石呈灰白色，原應呈圓角長方形，殘高八六釐米，寬四一釐米，厚一二釐米。

九二　明堂地心磚　年代不詳

【正面】

伏尸故氣，

永不侵争，

存亡兩利，

後代亨通。

【背面】

賜生人而清吉，

保亡者以安寧。

中央（環八卦）

（朱超龍）

九二

磚質，方形，邊長三六釐米。一面刻文字，另一面兩側刻文字，正中刻「中央」，周圍環繞八卦紋，上下有星象圖。

後記

《揚州新出土宋元明清墓誌》的整理，是基於本世紀以來揚州地區城市基本建設考古的全面開展，這也是我們整理發掘出土歷代墓誌資料的一個前篇，後續會跟進整理隋唐時期墓誌資料。

揚州市文物考古研究所（初名揚州市文物考古隊）自成立以來，就承擔了揚州市域内的考古調查、勘探、發掘與研究工作。隨着城鎮化步伐不斷加快，城市建設範圍持續拓展，揚州地區考古前置全面推行，考古所承擔的配合基本建設的考古工作量也成倍增加，田野考古工作幾乎貫穿全年。作爲基層考古人，協調解決好田野發掘的時效性和整理研究的迫切性，探索未知、揭示本源，更好地描繪揚州城市發展的歷史脈絡，讓文物活起來，我們使命在肩。全體揚州考古人在完成日常發掘工作之餘，充分利用雨雪天、節假日等，加班加點，歷時一年，這批墓誌的整理，終告完成。過程雖艱辛，結果倍欣慰。此次整理工作，進一步加深了我們這些來自五湖四海的外鄉人對揚州歷史文化的認知。同時，也希望通過我們的努力，能助力於找回老城記憶，展現城市風情，提升城市魅力，爲更多關心、關注揚州古城保護與歷史研究的學者提供研究之資。

在本書編撰過程中，揚州市文化廣電和旅游局領導和文保處同仁給予了大力支持，揚州市文化廣電和旅游局沈文傑局長爲本書作序，書法家、揚州市文物局顧風研究員爲本書題寫書名，揚州大學社會發展學院汪華龍先生協助完成本書録文的通校、繫年和編次，在此一併致謝。同時，感謝上海古籍出版社姚明輝先生的辛苦編校，以及賈利民先生爲本書出版所做的工作。感謝各位對揚州文物考古事業的關心、支持，我們將繼續努力，不辜負大家的期待和厚望。

本書由王小迎主編，劉剛、朱超龍、張富泉副主編，全體業務人員都參與了墓誌的整理釋讀工作，包括王小迎、劉剛、池軍、張富泉、秦宗林、魏旭、閆璘、周贇、薛炳宏、朱超龍、劉松林、吴一丹、姚施華、趙静、孫晨等。因爲水平所限，本書難免有不足之處，敬請讀者諸君批評指正。

編　者

二〇二二年十一月

圖書在版編目（CIP）數據

揚州新出土宋元明清墓誌/揚州市文物考古研究所編．—上海：上海古籍出版社，2022.12
ISBN 978-7-5732-0540-7

Ⅰ．①揚…　Ⅱ．①揚…　Ⅲ．①墓誌-匯編-中國-揚州-宋代-清代　Ⅳ．①K877.45

中國版本圖書館CIP數據核字（2022）第217533號

責任編輯：姚明輝
封面設計：黄　琛
技術編輯：耿瑩禕

揚州新出土宋元明清墓誌
揚州市文物考古研究所　編
上海古籍出版社出版發行
（上海市閔行區號景路159弄1-5號A座5F　郵政編碼201101）
（1）網址：www.guji.com.cn
（2）E-mail：guji1@guji.com.cn
（3）易文網網址：www.ewen.co
上海麗佳製版印刷有限公司印刷
開本787×1092　1/16　印張27　插頁4　字數314,000
2022年12月第1版　2022年12月第1次印刷
ISBN 978-7-5732-0540-7
K·3302　定價：580.00元
如有質量問題，請與承印公司聯繫